세상을 바꾼
미디어

미디어, 세상과 소통하며
의외의 변신을 꾀하다

세상을 바꾼 미디어
©김경화 2013

초판 1쇄	2013년 9월 9일
초판 13쇄	2024년 9월 30일

글쓴이	김경화

펴낸이	김한청
기획편집	원경은 차언조 양선화 양희우 유자영
마케팅	정원식 이진범
디자인	이성아 김현주
운영	설채린

펴낸곳	도서출판 다른
출판등록	2004년 9월 2일 제2013-000194호
주소	서울시 마포구 동교로 27길 3-10 희경빌딩 4층
전화	02-3143-6478
팩스	02-3143-6479
블로그	http://blog.naver.com/darun_pub
인스타그램	@darunpublishers
메일	khc15968@hanmail.net
ISBN	978-89-92711-81-4
	978-89-92711-70-8 (세트)

세상을 바꾼

미디어

미디어, 세상과 소통하며
의외의 변신을 꾀하다

김경화 지음

다른

차례

3 소리 미디어: 말하는 기계와 무선 취미

4 시각 미디어: 복제 이미지와 대중 문화

머리말: 현대 사회의 키워드, 미디어

날마다 습관처럼 확인하는 포털 뉴스 사이트, 매일 저녁 안방 극장의 주역 텔레비전 드라마, 해외에서 큰 인기를 끌고 있다는 K-pop과 아이돌 스타, 신랄한 정치 풍자로 화제를 불러 모으는 인터넷 라디오, '손바닥 위의 혁명' 스마트폰의 폭발적인 인기에 이르기까지, 우리 생활은 수많은 미디어에 둘러싸여 있다.

미디어란 무엇인가? 신문이나 텔레비전처럼 대대적으로 뉴스나 오락 정보를 전달하는 매체는 '매스 미디어'라고 하며, 음악이나 동영상 같은 다채로운 표현 매체는 '멀티 미디어'라고 한다. PC나 USB메모리 같은 정보 처리 및 보존이 가능한 도구는 '디지털 미디어'라고 하며, 인터넷처럼 새로이 등장한 네트워크 미디어는 '뉴 미디어'라고 한다. 또 어디에든 들고 다닐 수 있는 휴대 전화나 음악 플레이어는 '모바일 미디어'라고 부르기도 한다.

이처럼 미디어라고 불리는 대상은 참 가지각색이다. 이들이 모두 미디어라고 생각되는 이유는, '서로 다른 둘 사이를 중개하거나 상호 매개하는 물건 또는 시스템'이라는 공통점이 있기 때문이다. 텔레비전은 뉴스나 오락 정보 같은 다양한 정보를 알려 주고, 휴대 전화는 다른 사람과 의사소통을 하게 해 준다. 컴퓨터나 스마트폰 역시 다양한 정보를 중간에서 전달한다는 의미에서 의심할 여지 없는 미디어이다.

그런데 '서로 다른 둘 사이를 중개하거나 상호 매개하는 물건 또는 시스템'이라는 말의 근본적인 의미를 생각한다면, 미디어라고 부를 수 있는 대상은 더욱 많아질 수도 있다. 예컨대, 혼기가 꽉 찬 남녀를 서로 중개하고 맺어 준다는 의미에서 중매쟁이도 미디어라고 할 수 있지 않을까? 아니면 이웃집 수다쟁이는 어떨까? 사람과 사람 사이를 오가면서 동네에 나도는 소문이나 이웃 동네의 화제를 전해 준다는 의미에서 역시 미디어라고 할 수 있지 않을까? 정확한 시간을 알려 준다는 의미에서는 시계도 미디어, 입고 있는 스타일에 따라 사람의 성향을 알려 준다는 의미에서는 옷도 미디어…… 이런 식으로 생각해 보면 미디어의 범위는 무궁무진하게 넓어질 수 있다.

좁게 보자면 거실에 놓인 텔레비전이야말로 미디어라고 해야 할 테지만, 해석하기에 따라서는 중매쟁이 아줌마나 수다쟁이 친구도 미디어라고 할 수 있다니, 미디어라는 개념은 참 중구난방이다. 이렇게 생각하면, '미디어란 무엇인가?'라는 질문에 답변하기는 그리 쉽지 않은 일이다.

어떤 관점과 입장에서 미디어를 생각하는지에 따라 답변이 천차만별로 달라지기 때문이다. '미디어란 무엇인가?'라는 질문은 이 책 전체를 관통하는 중요한 물음이다. 굳이 머리말에서 결론을 내릴 필요는 없다. 다만 미디어라는 개념이 때로는 개별적인 사물을 의미하지만 때로는 만물을 이해하는 '관점'이자 '기호'가 될 수 있다는 점, 보통 생각하는 것보다 훨씬 여러 가지 얼굴을 가지고 있다는 점을 머릿속에 넣어 두도록 하자.

이 책은 미디어의 역사를 소개하는 책이다. 그런데 이 책이 미디어의 역사를 보는 관점은 일반적으로 생각하는 방식과 조금 다를지 모르겠다. 필자는 미디어의 역사를 공부하면서 매우 흥미로운 점을 발견했다. 역사 속 미디어의 모습이, 지금 생각하는 미디어와는 판이하게 다른 경우가 많다는 것이다. 예를 들어 라디오가 19세기 후반에 처음 세상에 나왔을 때는, '무선으로 소리를 전달하는 장치'에 불과했다. 지금처럼 음악이나 뉴스를 전달하는 매스 미디어가 아니라, 개인과 개인이 의사소통을 하는 전화와 비슷한 역할을 했다. 거꾸로 당시의 전화는 지금의 라디오와 비슷하게 뉴스나 음악을 들려주는 매스 미디어의 역할을 했다. 사회에서 맡은 역할로 보면, 라디오와 전화의 운명이 완전히 뒤바뀐 것이다.

혼히 라디오의 역사라고 하면 '최초의 라디오 프로그램은 언제 시작되었는가'라는 질문에서 시작해서 계보를 따져 나간다. 하지만 그런 방식으로 생각해서는 '음악이나 뉴스를 전달받는 매스 미디어' 역할을 하기 이전의 라디오는 어땠는지 도무지 알 수 없다. 라디오가 되기 이전의 라디오는 어떤 모습이었을까? 라디오는 어떻게 해서 '음악이나 뉴스를 전달하는 매스 미디어'라는 역할을 '발견'하게 되었을까? 이 책에서는 이미 미디어라는 개념이 확립된 이후의 발전사보다는 사회적인 미디어로 자리잡기 이전의 역동적인 기술사에 주목했다. 그 편이 미디어를 이해하는 데보다 근본적이고 유익한 관점이라고 생각했기 때문이다.

이런 관점을 갖고 있기 때문에 이 책은 의도적으로 라디오, 영화, 텔레비전 등 지금 우리 관념 속에서 이미 확립된 개별 미디어의 구분 방식을 따르지 않았다. 전화와 라디오는 처음부터 전화와 라디오였던 것이 아니다. 소리를 복제, 재생하는 '소리 미디어'에서 시작해서 점차 전화와 라디오라는 서로 다른 형식으로 진화했다. 마찬가지로 책과 신문, 잡지 등도 처음에는 그저 '문자 미디어'였고, 사진과 영화 등은 이미지를 복제, 복사하는 '시각 미디어'였던 시절이 있었다. 이렇게 역동적이고 흥미진진한 미디어의 진화 과정을 부각시키기 위해, 이 책에서는 '문자 미디어', '소리 미디어', '시각 미디어' 등 추상적인 개념으로 각 장을 구분했다.

인류는 여러 차례 새로운 미디어와 맞닥뜨렸다. 그리고 그때마다 격렬한 변화를 경험했다. 과학 기술의 발전이 눈부시게 진행된 19세기 이후, 지금 우리 삶을 점유하는 대부분의 미디어 기술이 세상에 등장했다. 이와 함께 대단히 빠른 속도로 사회는 변화를 경험했다. 최근에는 언제 어디서든 스마트폰 때문에 세상이 바뀌었다는 얘기를 많이 듣는다. 그런데 이런 식의 얘기는 처음 등장한 게 아니었다. 18세기에는 근대 신문이 사람들을 현명하게 만들 것이라고 믿었고, 20세기 초반에는 라디오를 통해 일반인이 참여하고 주도하는 미디어 문화가 정착될 것이라는 전망도 있었다. 불과 30여 년 전인 1980년대에는 컴퓨터야말로 인류 역사를 획기적으로 바꿀 것이라는 예측이 힘을 얻었고, 1990년대에는 많은 이들이 인터넷이 민주주의를 진전시킬 것이라는 신념을 갖고 있었다.

새로운 미디어에 대한 기대감과 함께 부정적인 영향에 대해 과하게 걱정하는 목소리가 나온 것도 한두 번이 아니었다. 17세기에는 대량으로 책을 찍어 내는 활자 기술이 나오면서, 책을 많이 보면 바보가 된다는 비판이 일었다. 20세기 전반에는 활동 사진^{영화}으로 인해 청소년 범죄가 늘어난다고 걱정하는 목소리가 컸다. 미디어에 대한 희망론 또는 비관론은 나름대로 시대적 배경과 근거가 있으므로, 지금의 눈으로 맞다 틀리다 결론지을 수는 없다. 다만 결과적으로 볼 때, 신문과 라디오가 이상적인 시민 사회를 실현하지도 않았고 책과 영화로 인해 바보와 청소년 범죄가 우글거리는 세상이 되지도 않았다. 미디어에 대한 과도한 믿음도, 과장된 걱정도, 양쪽 다 지혜롭지는 못했다고 반성할 필요가 있다.

미디어라는 현상이 역사적으로 새로운 것이 아닌 만큼, 그 과거의 모습을 찬찬히 들여다보는 작업은 매우 유익하다. 현재의 미디어를 어떻게 이해해야 할 것인가, 라는 문제에 대해 힌트를 주기 때문이다. 중요한 것은 우리가 그 역사 속에서 교훈을 읽어 낼 수 있는 자세를 갖는 것이다. 그래서 여러분이 이 책을 통해 미디어의 역사를 입체적으로 읽어 내고 스스로 교훈을 찾아낼 수 있기를 바라면서 책을 엮었다.

개인의 생각이 모두 다르고 배경지식도 다른 만큼, 이런 점을 알아야 한다고 강요할 생각은 없다. 스스로의 경험과 생각에 근거해서 나름대로의 깨달음이 있다면 그것으로 충분하다. 다만, 여러분이 염두에 두고 이 책을 읽어 줬으면 하고 바라는 점은 있다.

우선, 미디어의 역사라는 렌즈를 통해 '지금의 우리'에 대해 다시 한 번 생각해 보는 계기를 만들어 보기 바란다. '전대미문'이라든지 '인류 최초'라는 식의 과장된 어법이 유행하는 시대이지만, 미디어의 역사를 찬찬히 살펴보면 소위 '미디어 혁명'이라 불리는 현대의 여러 상황들이 과연 전대미문이라고 할 만큼 새로운 것인지 의문이 생길 때가 많다. 정말로 이 시대에 새로이 출현한 것도 있지만, 실은 예전부터 존재해 왔거나 과거에 존재했다가 잊혀진 것도 많다. 이 점을 마음에 새기고 읽어 내려가다 보면, 현재 우리의 상황을 보다 폭넓고 입체적으로 이해하는 시점을 얻을 수 있을 것이다.

두 번째로, 지금 우리가 상상하는 것과는 다른, 미디어의 '의외의 과거'를 발견하기 바란다. 역사는 승자의 관점에서 쓰인다고 하지만, 이 책에서는 단순히 승자만의 이야기로 역사를 재구성하지 않도록 특히 노력했다. 오히려 승자의 관점에서 본 미디어의 역사에는 잘 등장하지 않는 시행착오나 실패담을 함께 담았다. 미디어는 인류에게 확정적으로 '주어진' 것이 아니라, 다양한 주체와 사회적 배경, 기술적 흐름 등 복잡한 조건 속에서 '만들어진' 것이었다. 우리는 미디어의 역사를 살펴봄으로써, 미디어의 '의외의 과거'를 발견하고, 미디어가 '만들어져 온' 역사의 역동성을 느낄 수 있다. 또한 그 과정에서 스스로 어떤 미디어의 역사를 만들어 나갈 것인지에 대한 미래지향적 상상력을 가질 수 있을 것이다.

결과적으로 이 책이 의도하는 바는, 여러분 스스로 미디어를 삶의 원동력이자 사회를 변화시킬 수 있는 창조적인 수단으로 재인식하도록 돕는 것이다. 미디어의 역사를 아는 것은 단지 정보를 전달하고 매개하는 기술 장치의 계보를 이해하는 것이 아니다. 세상을 바꾼 원동력으로서 미디어를 이해하는 동시에, 세상이 미디어를 만들어 나가는 움직임에 동참하는 것이다. 이 책의 제목은 '세상을 바꾼 미디어'이다. '세상을 바꾼 미디어'를 앎으로써 '미디어를 바꾼 세상'에 대한 아이디어를 가지는 것. 그것이야말로 '미디어란 무엇인가'라는 질문에 대해 스스로 답변을 찾는 방법이다. 미디어의 역사 속으로, 도전적이며 창조적인 여행을 시작해 보자.

전기와
미디어 상상력

유령과 대화하는 소녀들

1848년 미국 동부 뉴욕 주에 있는 한가한 마을 하이즈빌. 폭스 씨 가족은 '유령이 나오는 오두막'이라는 소문이 돌던 집으로 이사왔다. 전에 살던 사람들한테 "밤중에 이상한 소리가 들릴 때가 있다."라는 불길한 이야기는 들었지만 그다지 신경쓰지 말자고 생각했다. 그런데 과연 한밤중에 무언가를 두들기는 듯한 탁, 탁 소리가 나즈막히 들려왔다. 정체 모를 소리 때문에 잠을 설치는 일도 있었다. 어느 날은 소리가 유난히 심해서 폭스 씨 부부뿐 아니라 어린 두 딸마저 잠에서 깨었다. 어른들에게는 정체 불명의 소리가 불길하게 느껴질 뿐이었지만 폭스 씨의 두 딸은 그다지 무서워하지 않는 기색이었다. 소녀들에게 그 소리는 무섭기는커녕, 마치 재미있는 놀이처럼 느껴질 정도였다. 문득 막내딸 케이트는 허공 속에서 소리를 내는 흥미진진한 놀이에 자기도 끼어 보고 싶다는 생각이 들었다. 소녀는 호기심 반, 장난 반으로 어둠 속을 향해 "나처럼 해 볼래?"라고 외치고 짝짝짝 박수를 세 번 쳤다. 그런데 놀라운 일이 일어났다. 소녀의 박수 소리에 화답이라도 하듯, 어디선가 "탁, 탁, 탁." 하는 소리가 들려오는 것이 아닌가!

이 소리를 듣고 깜짝 놀란 것은 케이트뿐만이 아니었다. 함께 깨어 있던 언니 마거릿도 정체 불명의 답변을 분명히 들었다. 마거릿도 즉시 흥미진진한 장난에 동참하기로 했다. 이번에는 마거릿이 박수를 치면서 말을 걸어 보았다. 이번에도 우연이라 할 수 없을 정도로 또렷한 화답이 공중에서 들려왔다. 소녀들이 정체 불명의 소리와 의사소통을 하는 데 성공한 것이다.

소녀들은 박수를 치거나 물건을 두드려 소리를 내면서, '유령'과 대화를 이어 갔다. 소녀들이 질문을 하고, '그렇다'일 때는 한 번, '아니다'일 때는 두 번 소리를 내어 '유령'이 대답했다. 박수 한 번은 'a', 두 번은 'b'라는 식으로, 박수 소리를 알파벳으로 바꾸어 문장을 표현하는 방법도 생각해 냈다. 그런데 신기하게도 '유령'과 대화를 나눌 수 있는 사람은 오직 소녀들뿐이었다. 다른 사람이 박수를 쳐서 말을 걸었을 때에는 '유령'이 아무런 반응을 보이지 않았다. 이윽고 폭스 씨의 두 딸은 '유령과 이야기를 나눌 수 있는 특별한 능력'을 가진 소녀들로 알려지기 시작했다.

이 신기한 이야기는 지방 신문에 소개되었고, 얼마 지나지 않아 미국 전역에서 큰 화제가 되었다. 그 이후로 보이지 않는 존재와 대화를 나눌 수 있는 특별한 능력을 가졌다고 주장하는 사람들이 여기저기서 나타났다. 폭스 씨의 두 딸처럼 박수를 쳐서 소통하는 방법이 아니라, 촛불을 켜고 주문을 외워서 '유령'을 불러내는 심령 의식이나, 보이지 않는 존재와 이야기를 나눌 수 있도록 특수 제작된 전기 장치를 이용한 '과학적'인 시도도 등장했다. 당시의 소동을 어떻게 이해해야 할까? 이들은 정말로 보이지 않는 존재와 이야기를 나누었던 것일까? 사실 여부는 알 수 없지만 두 소녀의 이야기를 계기로 19세기 중반 이후 '심령주의'라는 신비주의 사상이 미국에서 시작되어 전 세계에 전염병처럼 번져 나간 것만은 분명한 사실이다.

심령주의가 대두하기 전에도, '눈에 보이지 않는 존재가 실제로 있는가?', '있다면 눈에 보이지 않는 존재와 어떻게 의사소통을 할 수 있을까?'라는 질문은 인류 역사를 관통하는 중요한 화두였다. 예를 들어, 중세 시대 서양 문화권에서 막강한 영향력을 발휘하던 교회는 '눈에 보이지 않는 존재'와 의사소통을 하는 기관이었다. 교회가 세속 정치에 큰 영향력을 가졌다는 사실은, 눈에 보이지는 않아도 절대자가 실제로 존재한다는 믿음이 굳건했음을 뜻한다. 영적인 절대자의 뜻을 전하는 역할을 하는 기관으로서 교회에 부여된 권위도 절대적이었다. 신과 소통하고 신의 뜻을 사람에게 전하는 일은 성직자의 가장 중요한 의무였다. 중세 시대의 교회는 신과 소통하는 구체적인 방법을 설명하지 않았다. 영적인 존재를 의심하는 것 자체가 불경스러운 일이었다.

심령주의도 영적인 존재와 의사소통이 가능하다고 믿었다는 점에서 중세의 교회와 비슷한 신념에 근거하고 있었다. 하지만 심령주의는 영적인 존재와 어떻게 의사소통을 할지에 보다 집중했다. 또 '과학적이고 객관적'인 방법을 통해 이 과제를 풀 수 있다고도 생각했다. 예컨대, 신앙심이나 기도 같은 주관적인 경험을 통해서가 아니라, 박수를 치거나 전기 기술 장치를 이용하는 식으로 '합리적인' 방법을 통해 영적인 존재와 이야기를 나눌 수 있다고 생각했다. 소수의 특권 계층인 성직자가 아니어도 특정한 방법을 통하면 영적인 존재와 소통할 수 있다고 본 것이다. 사람들이 이렇게 생각했던 배경에는 19세기 이후 급속도로 발전했던 과학 기술에 대한 믿음이 있었다. 과학에 대한 과도한 믿음이 거꾸로 과학이 신과 소통마저 가능하게 한다는 미신적인 사고방식을 낳은 것이다.

실제로 **심령주의가 대유행하던 19세기에는 영적인 존재와 소통하기 위한 여러 가지 '과학적' 방법이 고안되었다.** 기상천외한 기계 장치가 동

심령 의식에는 다양한 과학 장치가 동원되었다.
그림처럼 한쪽은 구리, 다른 한쪽은 아연으로 만든 물통에 자석줄을 담근
심령 장치를 이용하면 영적인 존재와 소통할 수 있다고 믿었던 사람들도 있었다.

원되기도 하고 특수한 능력을 가진 사람들이 주관하는 심령 의식 모임도 생겼다. 당시 심령 모임의 성격은 종교적 의식이 아니라 과학 실험이나 의료 시술과 비슷했다. 그리고 이런 모임에 열광한 사람들이 무지한 민중들이 아니라 과학 기술에 지대한 관심을 가진 지식인층이었다는 사실도 흥미롭다. 실제로 당시 사회 지도층 인사들이 심령 의식을 자주 열었다는 일화가 전해진다. 에이브러햄 링컨 미국 대통령도 백악관에서 심령 의식을 벌였다고 한다.

심령 의식에서는 폭스 씨의 두 딸처럼 영적인 존재와 소통할 수 있는 특별한 능력을 가진 이들이 중심 역할을 했다. 이들에게는 '유령을 매개한다'는 뜻에서 '영매'靈媒라는 호칭이 주어졌다. 1990년대에 「사랑과 영혼」이라는 영화가 큰 인기를 끌었다. 이 영화에서 우피 골드버그가 연기했던 '오다'라는 여성은 혼령과 대화를 나눌 수 있는 특별한 능력을 지녔다. 오다는 사고로 갑자기 세상을 뜬 남자 주인공 샘의 혼령의 부탁을 받고 여자 주인공 몰리에게 메시지를 전달하고자 한다. 바로 이 오다라는 인물이 전형적인 '영매'이다. 혼령이나 영적인 존재와 소통하는 특별한 능력을 가진 영매는 소녀 혹은 유색 인종의 여성으로 그려지는 경우가 많다. 우리 문화에서는 신과 소통하는 특수한 능력을 가진 사람들을 '무당'이라고 한다. 신내림을 받은 무당은 죽은 조상과 이야기를 나누기도 하고, 신과 대화를 나누며 앞으로 일어날 일을 예측하기도 한다. 바로 이 무당과 같은 역할을 하는 존재가 영매인 것이다. 어찌 보면 지극히 비과학적인 사고방식이다. 이런 생각이 과학 기술의 발전에 대한 굳건한 신념에서 생겨났다는 사실은 역사의 아이러니라 하겠다.

유령 이야기와 미디어, 무슨 관계일까

미디어 책에서 왜 심령주의나 영매 같은 황당무계한 이야기를 하는지 의아할 것이다. 사실 심령주의나 영매는 미디어라는 단어의 태동과 깊은 인연이 있다. 영매는 영어로 '미디엄'medium이라고 하는데, 그 복수형이 '미디어'media이다. 즉 '미디어'라는 단어는 엉뚱하게도 '영매'라는 단어와 뿌리가 같다. 왜 이런 일이 생겼는지 이해하기 위해서는 심령주의가 유행하던 당시의 사회상을 주의깊게 살펴볼 필요가 있다.

유령과 소통하는 폭스 자매의 에피소드가 세상에 알려진 것은 1848년. 1843년에 새뮤얼 모스에 의해 '전신'telegraph이 상용화된 지 몇 년 지나지 않았을 때였다. 지금은 그다지 활용하지 않는 기술이지만, 당시의 전신은 최신 기술 장치로 엄청난 화제가 되었다. 전선에 전류를 흘려 보내면 전선 끝에 연결된 금속판이 자기장에 의해 붙었다 떨어졌다 하면서 "뚜뚜뚜뚜" 하는 소리를 낸다. "뚜뚜" 소리를 알파벳이나 숫자로 옮기면 짧은 문장을 표현할 수 있다. 이 문장을 편지처럼 전달하는 것이 전신을 이용한 우편 서비스, '전보'이다. 전기는 순식간에 흘러가므로, 전보는 사람 편에 들려 보내는 편지나 우편보다 훨씬 빠른 속도로 멀리까지 메시지를 보내는 것이 가능했다.

지금 감각에서 보자면, 전신은 그지없이 간단한 기술이다. 생생한 목소리는 물론이요, 살아 움직이는 동영상까지 순식간에 주고받는 멀티미디어 시대를 살고 있는 지금과 비교하면, 원시적라고 할 만하다. 하지만 당시는 '전기'가 세상에 막 알려지기 시작하던 때이다. 전기라는 눈에

왼쪽 전신을 받는 모습.
오른쪽 오래된 전신 기계.

보이지 않는 에너지가 존재한다는 사실 자체가 경이로운 발견이었다. 하물며 전기를 눈 깜짝할 사이에 먼 곳으로 보내어 소리로 바꿀 수 있다니 신기하다 못해 괴기스럽게 느껴질 정도였다.

전신이 상용화되기 전에는 먼 곳에 있는 사람에게 뜻을 전달하려면 누군가에게 편지를 들려 상대에게 보내는 수밖에 없었다. 병 속에 편지를 넣어 강물에 띄워 보낸다거나 비둘기 목에 메모를 달아 날려 보내는 방법도 있었다고 하지만 결국 물리적으로 이동해야만 했다. 상황이 이러했으니, 전기를 이용하여 수킬로미터 떨어진 먼 곳으로 순식간에 편지를 전달할 수 있다는 것은, 마치 순간 이동 마술처럼 신기하게 느껴졌으리라 상상할 수 있다.

폭스 자매의 이야기가 세상에 알려진 것은 바로 이 시기의 일이었다. 폭스 자매가 유령과 대화하는 방식은 '뚜뚜' 소리를 알파벳으로 바꿔서 의미를 전달하는 전신 부호와 매우 비슷하다. 전신은 먼 곳에 있는 사람과 소통할 수 있는 기술이었고, 영매는 영적인 존재와 소통할 수 있는 특수한 능력이 있는 사람이었다. **쓰임새는 다를지언정 지금까지는 불가능했던 의사소통을 쉽게 가능하게 해 준다는 의미에서 '전신'과 '영매'는 비슷한 원리라고 여겨졌다.** 어쩌면 폭스 자매가 유령과 대화할 수 있다는 이야기 자체가, 전신이라는 새로운 기술로 인해 촉발된 상상력의 산물이었을지도 모른다. 실제로 폭스 자매의 심령술은 언론에 '영적인 전신'으로 소개되었고, 전신을 발명한 모스는 '심령주의의 선지자'로 추앙되었다. 모스는 지금까지도 가장 자주 영매들에게 불려나가 '환생'하는 인물이기도 하다.

즉 당시 사람들에게는 전기 신호를 통해 눈 깜짝할 사이에 먼 곳으로 메시지를 보내는 일과 유령과 대화를 나누는 일이 서로 비슷한 이미지로 이해되었다. 그리고 원래 영매를 의미하는 '미디엄'이라는 단어가 '서로 다른 두 존재를 서로 매개하고 연결하는 수단'이라는 의미로 전신의 원리를 설명하는 데에 동원되었다.

19세기에는 전기에 대한 과학적 지식이 충분치 않았으므로 전신과 영매를 구분할 논리적 근거가 없었다. 사람들 생각이 비합리적이었다기보다는 두 현상을 서로 다른 것으로 이해하기 위한 지식이 충분하지 않았다고 보아야 한다. 시간이 흐르면서 전신과 심령주의를 구분할 수 있는 사회적인 지식이 생겨났다. 심령주의는 합리적으로 설명되지 않는 비과학적인 사고방식으로 판명났다. 한편 처음에는 마술 같은 신비로운 힘으로 생각했던 전신은 별로 신기할 것도 없는 기술 장치로 이해되어 갔다. 어쨌든 영어 단어 '미디엄'은 지금도 '영매'와 '매체' 두 가지 의미로 쓰인다. 대신 매체를 의미할 때의 복수형은 '미디어'media지만, 영매를 의미할 때의 복수형은 '미디엄즈'mediums라고 한다.

미디어를 낳은 전기의 황당무계한 과거

현대 사회의 수많은 미디어 기술은 '전기의 재발견'에서 시작되었다. 텔레비전이나 컴퓨터의 에너지원으로 전기가 꼭 필요하다는 사실은 누구나 잘 알고 있을 것이다. 그런데 실은 이들 미디어에 있어서 전기는 에너지원 이상의 활약을 한다. 각양 각색의 정보를 원격으로 전송하고 재구성하는 핵심적인 원리로 전기의 성질이 쓰인다. 어찌 보면 전기야말로 가장 원시적이고 근본적인 '미디어'인 셈이다.

전기에 대한 과학적 탐구를 시작한 과학자로 벤저민 프랭클린이 유명하다. 1752년 프랭클린은 연을 이용한 실험을 통해 번개와 전기가 동일한 현상임을 증명했다. 그의 실험은 성직자들의 강력한 반대에 부딪혔다고 한다. 당시 교회는 번개를 신이 메시지를 전달하는 한 방법이라고 굳게 믿고 있어서, 번개를 실험한다는 것은 신을 모독하는 불경한 행위라고 생각했기 때문이다.

19세기 이후 과학이 발달하면서 전기에 대한 지식도 차차 늘어났다. 전기를 인간의 힘으로 어쩔 수 없는 신의 영역이 아니라 과학적 설명이 가능한 자연 현상으로 이해하기 시작한 것이다. 수많은 과학자들이 의욕적으로 전기의 활용법을 연구하기 시작한 것도 이때부터이다. 십 수년 전에 '인터넷'이 그러했고, 지금은 '모바일 미디어'나 '소셜 미디어'가 그러하듯이, '전기'는 당시 과학 기술의 키워드이자 핫 이슈였다.

그때 고안되었던 전기 활용법 중에는 지금 들으면 황당하고 기상천외한 아이디어도 많았다. 예를 들어, 전기의 신비한 힘을 이용해 병을 치

19세기에 성행했던 갈바니즘을 설명한 그림.
이탈리아 과학자 갈바니는 전기를 통하게 하면 죽은 이가 살아난다고 믿었다.

료하는 약이나 건강용품이 의욕적으로 개발되었다. '전류를 발생시켜 두통, 신경통을 완화하고 발모를 촉진시키는 전기 모자'나 '전기를 통해 남성의 정력을 증강시키는 전기 벨트' 등이 최첨단 기술을 활용한 상품으로 알려지고 인기리에 판매되었다.

당시에는 전기가 일종의 생명 에너지라는 가설이 설득력을 얻고 있었다. 이탈리아 과학자 갈바니는 죽은 개구리에 전류를 통하면 다리가 움찔움찔 움직인다는 것을 우연히 발견하고, 전기가 생명의 근원이라고 굳게 믿었다. 그는 동물의 사체에 전기를 흘려 넣어 생명을 소생시키는 생체 실험을 추진해 나갔다. 그리고 수많은 군중 앞에서, 교수형으로 죽은 시체에 전기를 흘려 보내는 실험을 했다. 그야말로 그로테스크한 시도의 절정이었다. 전기를 흘려보냈을 때 죽은 생명체가 움찔하는 현상은, 생명이 되돌아온 것이 아니라 근육 조직이 전기에 반응해 경련을 일으킨 것일 뿐이다. 이 사실이 밝혀진 것은 수십 년 뒤의 일이었다. 당시 갈바니의 실험은 유럽 전체에 큰 화제를 불러일으켰고, 여기서 비롯된 '갈바니즘'이라는 단어는 생물체의 경련 반응을 뜻하는 의미로 지금도 쓰인다.

과학자들의 발상이 그 정도였으니 과학 지식이 없는 보통 사람들에게 전기는 완벽하게 미지의 세계였다고 해도 과언이 아니다. 당시의 전기는 최첨단 과학 기술이었지만 한편으로는 마술처럼 신기하고 요물처럼 경외스러운 '눈에 보이지 않는 힘'으로 생각되었다. 앞서 살펴본 전신과 심령주의의 기묘한 결합도 전기에 대한 괴기스러운 상상력이 근거가 되었다고 보면, 그리 이상할 것도 없다. **19세기 과학 기술은 전기에 대한 황당 무계하고 그로테스크한 상상력을 자극하면서 점차 대중의 삶 속으로 파고들었다. '눈에 보이지 않는' 힘인 전기가 다양한 미디어 장치를 통해 생활 속의 기술로 '모습을 드러내기' 시작했다.** '미디어'라는 단어로 대표되는 기술 문명 시대가 개막된 것이다.

프랑켄슈타인과 괴기 소설

『프랑켄슈타인, 혹은 현대의 프로메테우스』는 여류 소설가 메리 셸리가 1818년에 발표해서 큰 화제를 모은 소설이다. 이 작품은 몇 차례에 걸쳐 '프랑켄슈타인'이라는 제목으로 영화화되기도 했는데 '전기'에 대한 그로테스크한 상상력이 전형적으로 드러나 있다.

스위스의 젊은 과학자 프랑켄슈타인은 오랜 세월 연구 끝에 죽은 자의 몸에 전기를 통해 생명을 불어넣는 데에 성공한다. 그의 창조물은 튼튼한 체력과 인간적인 마음을 지녔지만, 외모가 눈 뜨고 볼 수 없을 정도로 추했다. 프랑켄슈타인 박사는 크게 실망하여 자신이 창조한 괴물을 버리고 고향으로 도망가 버린다. 한편, 그가 창조한 괴물은 추한 모습 때문에 인간들에게 학대를 받으면서 저주받은 스스로의 존재에 대해 고민한다. 그는 창조주인 프랑켄슈타인 박사를 찾아가 남은 생을 같이 살 반려자를 만들어 줄 것을 요구하지만 약속은 지켜지지 않는다. 이에 괴물은 박사의 연인을 살해해서 박사에게 복수하려 한다. 격노한 프랑켄슈타인 박사는 괴물의 뒤를 쫓아 북극까지 가지만, 병에 걸려 비참한 최후를 맞는다.

1831년 런던에서 출판된 『프랑켄슈타인, 혹은 현대의 프로메테우스』에 들어간 삽화.

19세기 유럽에서는 이처럼 괴기, 미스터리, 공포를 주제로 한 소설이
크게 유행했다. 이런 류의 소설을 '고딕 소설'이라고 한다. 하루가 다르게
새로운 과학 지식이 공개되고 기상천외한 기계 장치가 소개되는 변화의
시대를 배경으로, 과학 기술에 대한 부정적이고 파괴적인 이미지는 풍부한
문학적 모티프가 되었다. 고딕 소설에는 '죽은 이의 생환', '유령의 집' 등
음산한 설정이 자주 등장한다. 보이지 않는 힘이나 혼령에 대한 이야기는,
전기라는 불가사의한 힘에 대한 공포와 경외감이 직간접적으로 표현된
결과라고 볼 수도 있다.

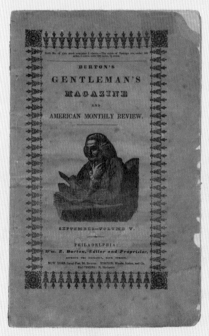

19세기 추리 소설 작가로 유명한
에드가 앨런 포의 「어셔 가의 몰락」(1839년)은
고딕 소설의 대표적인 작품이다.

19세기, 진정한 뉴 미디어의 시대

1800년대 중반에서 1900년대 초에 이르는 반 세기 정도를 영국에서는 통치자였던 여왕의 이름을 따서 '빅토리아 시대'라고 부른다. 빅토리아 시대는 영국을 중심으로 서유럽 국가의 제국주의가 황금기를 누리던 시절이다. 이 시기에는 일찌감치 이룩한 정치적 안정과 막강한 경제력을 토대로 과학 기술 면에서도 눈부신 발전이 이루어졌다. 타자기[1867년], 전화[1876년], 축음기[1877년], 전구[1879년], 무선 통신기[1895년], 영화[1895년] 등이 모두 이 시기에 등장했다. 자동차, 기차, 전열기, 전기 청소기 등 지금까지도 애용되는 발명품들이 상용화된 것도 이 시기의 일이다. 기발한 기능을 가진 새로운 장치들이 하루가 멀다 하고 신문 지면에 소개되었다.

발명광들은 매일같이 새로운 아이디어 장치를 만들어 냈다.
왼쪽 1870년에 거리에 등장한 '보행차'를 신은 신사.
오른쪽 1877년에 선보인 해양 구명 도구.

당시 이런 과학 기술의 발전을 이끌었던 주역은, 미치광이 취급을 받으면서 기발한 장치를 개발하는 데에 골몰했던 '발명광'들이었다. 모든 기술이 새로웠을 뿐 아니라 장치를 만드는 데에 필요한 공학적 지식을 체계적으로 가르쳐 주는 교육 기관

1885년에 선보인 비행기.

도 없었기 때문에, 이들은 오로지 열정과 끈기만을 믿고 발명에 몰두해야 했다. 지금 보면 터무니없는 기계 장치들도 많았고, 제작 실험이 대부분 위험해서 크게 부상을 입거나 목숨을 잃는 일도 비일비재했다. 잇따른 발명 실패에 절망해서 자살하는 경우도 적지 않았다. '발명왕'으로 잘 알려진 에디슨이나 최초로 비행기를 만든 라이트 형제도 이 시기에 활약한 발명광이었다. 실패를 두려워하지 않았던 이들의 고뇌와 열정을 밑거름으로 지금의 기술 문명이 존재한다고 해도 무방할 것이다.

'21세기는 뉴 미디어의 시대'라는 미사여구가 난무하지만, 과학 기술로 인해 사회가 급격히 변했다는 점에서는 19세기야말로 '뉴 미디어의 시대'였다. '발명광 시대'를 거치면서 인류는 지금까지 경험해 본 적이 없는 빠른 속도로 변화를 겪었다. 미디어와 무관한 과학 기술도 무수히 많지만, 미디어는 보통 사람들 삶에 깊숙히 파고 들고 직접적으로 영향을 끼치기 때문에 가장 살갑게 과학 기술로 인한 변화를 느끼게 한다. 우리는 매일같이 인터넷에 접속하고 텔레비전을 보거나 라디오를 듣고, 전화

로 얘기하고 채팅으로 연락한다. 이 모든 것들이 과학 기술의 발달로 가능해진 것이다.

19세기 말, 하루가 멀다 하고 새로운 기술이 등장하고 기술을 활용한 다양한 미디어가 사람들의 일상생활 속으로 파고들었다. 이 시기가 되자 미디어라는 개념을 둘러싼 혼란 상황도 거의 찾아볼 수 없게 되었다. 미디어는 그로테스크한 기술 장치라는 누명을 완전히 벗었을 뿐 아니라, 오히려 미래 사회를 만들어 나가는 핵심 키워드로 주목받게 되었다.

미디어의 빛과 어둠

1900년대 초반, 이탈리아의 시인 필리포 마리네티가 잡지 《피가로》에 발표한 「미래파 선언」이라는 유명한 글이 있다. 철도, 자동차, 비행기, 전신, 전화, 축음기, 영화 등 새로운 기술 문명이 인류의 환경을 근본적으로 바꾸리라고 내다본 글이다. 특히 마리네티는 미디어의 영향에 주목하면서 선언문에서 "미디어가 인류 역사를 획기적으로 바꿀 것"이라고 전망했다. 마리네티는 미디어로 인해 지금까지는 없었던 인공적인 감각과 감성, 자유로운 상상력의 세계가 열릴 것이라고 주장했다.

예컨대, 자동차의 엔진이 만들어 내는 '부르릉' 하는 기계 소리는 새의 울음 소리나 자연스러운 시냇물 소리와는 완전히 다른 '인공적'인 소리 감각 환경을 만들어 낸다. 한편 전화나 라디오는 먼 곳의 소리도 바로 옆에서 들려오는 것처럼 전달해 준다. 멀리 있어도 가깝게 목소리를 들을 수 있다는 것은, 이전에는 존재하지 않았던 거리 감각이다. 마리네티는 이렇게 새로운 종류의 감각 세계가 생김으로써 인류의 자유로운 상상력이 마음껏 날개를 펼 수 있는 시대가 되었다고 생각한 것이다.

젊은 예술가들은 새로운 미디어의 참신한 감각에 매혹되었고, 과학 기술과 기계 문명을 찬양하는 마리네티의 사상에 열광했다. 실제로 「미래파 선언」은 전위주의, 다다이즘, 초현실주의 등 파격적인 현대 예술에 직접적인 영향을 끼쳤다.

한편 마리네티는 철저한 국수주의자였다. 파시스트 당원이었으며 전쟁을 옹호해서 제1차 세계 대전에 이탈리아가 참전해야 한다고 적극 주장하고 지지했다. 그의 이러한 행보는 사회적인 비난의 대상이 되었다. 많은 추종자들이 등을 돌렸고, 지금도 모순에 가득찬 파시스트라고 조롱의 대상이 되고 있다. 기술 문명의 열렬한 추종자였던 마리네티가 전쟁 찬양론자였던 것은 모순이라기보다는 필연이었을지도 모른다.

미디어로 인해 인간의 삶이 편리하고 윤택해진 것은 틀림없다. 하지만 미디어가 비약적으로 발전하게 된 배경에는 제국주의나 전쟁 같은 비인간적이고 폭력적인 움직임이 있었다. 20세기에 들어서자마자 두 차례나 발발한 세계 대전은 국가 권력에 장악된 과학 기술의 극단적이고 폭력적인 과시의 장이었다. 세계 대전 기간에 국가 권력으로부터 가장 전폭적인 지원을 받으면서 발전한 것이 미디어였다. 미디어가 현대 사회를 윤택하게 해 주는 가장 큰 지지대라면, 이 지지대가 호전적인 권력 남용의 상황에서 만들어졌다는 사실은 참으로 씁쓸한 현실이다.

그래서 미디어란 무엇인가?

이제 우리는 머리말에서 제기한 최초의 질문으로 되돌아갈 준비가 되었다. '미디어'라는 단어는 처음부터 텔레비전, 라디오, 신문, 인터넷 등 정보 전달 장치를 부르기 위해 존재하던 말이 아니었다. 심령주의와 한통속인 신비주의적인 말이었고, 처음으로 등장한 전신에 대한 경이로움을 담은 말이기도 했다. 전기를 이용한 통신기가 등장한 이후에 비로소 '미디어'라는 단어가 등장했다. 즉, '사람과 사람을 혹은 장소와 장소를 매개하는 물건'을 의미하는 미디어라는 개념은 불과 수백 년 전에 '발견'된 것이다.

미디어라는 단어가 출현하기 전에도 미디어 역할을 하는 사물은 존재했다. 예를 들어 문자, 책, 활자 인쇄물 등은 전기 기술이 등장하기 훨씬 전부터 존재했고 널리 쓰던 미디어였다. 하지만 이런 물건들은 '책'이나 '활자 인쇄물'이라고 지칭하면 되었지 굳이 '매개자'라는 개념으로 묶어서 생각할 필요가 없었다.

미디어라는 개념이 필요하게 된 것은, 전기의 힘을 이용한 새로운 종류의 기술 장치, 즉 전신이나 전화, 텔레비전이나 라디오 같은 전기 미디어의 등장과 밀접한 관련이 있다. 전기 미디어가 등장한 이후 우리는 무언가를 통해 정보를 나눈다, 즉 '매개한다'라는 느낌을 즉각적, 직관적으로 느낄 수 있게 되었다. 전화로 외국에 있는 사람과 대화를 나눈다. 텔레비전으로 수백 킬로미터 떨어진 곳에서 일어난 일을 눈앞에서 일어난 일처럼 볼 수 있다. 무엇인가를 통해서 먼 곳의 누군가와 즉각적으로 소통할 수 있다는 감각을 갖게 된 것이다. 책을 읽으면서는 잘 실감하지 못하는 감각이다. 글을 통해 수백 년 전의 누군가의 생각을 전달받고, 책을 통해 과거의 누군가와 대화를 나눌 수 있기 때문에 책이라는 '매개자'를 통해 과거와 소통하고 있다고 할 수 있다. 하지만 책을 읽으면서는 과거의 글쓴이와 소통하고 있다는 것을 즉각적, 감각적으로 느끼지는 않을 것이다.

마셜 맥루헌은 1960년대 세계에서 가장 주목받았던 사상가이자, 미디어가 인류에 미친 영향을 문명사적으로 고찰한 연구자이다. 맥루헌은 1950년대 이후 급속도로 보급되기 시작한 텔레비전에 대한 호기심이 발동해서, 미디어를 연구하기 시작했다. 그의 연구는 미디어에 대한 과감한 분석과 개성있는 문체로 큰 화제를 낳았으나 일부 사상가들의 비판에 직면하기도 했다. 여기서 잠깐 그의 연구에 대해 소개하고자 한다.

"미디어는 인간의 확장이다" 우리는 텔레비전을 통해 해외에서 일어나는 일을 눈앞에서 일어난 일처럼 볼 수 있고, 라디오를 통해 먼 곳에 있는 사람들 목소리를 들을 수 있다. 맥루헌은 미디어가 눈, 귀, 신체로 해야 할 일을 대신하거나, 때로는 그 능력을 확장하는 역할을 수행한다고 보았다. 텔레비전이 있으므로 천리안이 될 수 있고, 라디오가 있으므로 수백 킬로미터 떨어진 사람 목소리를 들을 수 있다. 컴퓨터에 이미지나 글을 저장해 놓을 수 있으니 모든 정보를 머릿속에 일일이 기억할 필요가 없다. 미디어가 기억하는 역할을 대신해 주는 것이다.

이렇게 생각해 보면, 인간의 신체 능력과 감각의 확장에 관련되는 물건이라면 무엇이든지 '미디어'라고 할 수 있다. 맥루헌은 의복은 피부의 확장이며, 무기는 이빨이나 손톱의 확장이라는 등 세상에 존재하는 수많은 물건과 장치, 제도 등을 모두 '미디어'로 이해할 수 있다고 주장했다. 옷이 피부의 확장이며, 무기가 손톱의 확장이라는 얘기는 너무 지나치다는 느낌도 있지만 머리말에서 소개한 것처럼 미디어라는 개념을 폭넓게 이해한다면 일리가 있다.

"미디어는 메시지이다" 짝사랑 중인 상대에게 사랑 고백을 한다면, 어떻게 마음을 전달해야 할까. 직접 만나서 말로 전달할 수도 있고, 전화로 고백할 수도 있고, 러브 레터를 쓸 수도 있고, 아니면 이메일을 보낼 수도 있다. 대화, 전화, 편지, 이메일 등 어떤 전달 형식을 선택하든 '좋아해'라는 메시지를 전달하면 그만이다. 하지만 어떤 수단을 선택할지 결정하기란 여간 어려운 일이 아니다. 어떻게 해야 쑥스럽지 않을까, 어떻게 해야 상대방에게 더 좋은 느낌을 줄 수 있을까, 또는 어떻게 해야 거절당했을 때에 충격이 덜할 것인가, 이것저것 생각할 게 많다. "미디어는 메시지이다"라는 표현은 어떤 메시지를 전달하느냐가 아니라, 어떤 형식으로 전달하느냐에 따라 그 효과가 좌우된다는 뜻이다. 즉, 메시지의 형식, 미디어야말로 중요하다는 말이다.

"지구촌 세상" 언제부터인가 지구를 작은 마을에 빗대는 '지구촌'이란 말이 많이 쓰이는 것 같다. 이

는 맥루헌이 처음으로 사용한 '글로벌 빌리지'global village라는 표현에서 온 말이다. 앞서 소개한 것처럼 맥루헌은 미디어가 인체의 확장된 형태라고 생각했다. '전자 미디어'

지금 말하자면 컴퓨터는 사람의 기억과 감각이 외부로 확장된 시스템이라고 보았는데, 이 같은 시스템이 고도로 발달할수록 사람들의 생각과 기억이 인체 내부가 아니라 외부에 존재하는 세상이 올 것이라고 보았다. 전자 미디어들이 서로 연결되어 가면서 사람들의 생각과 기억이 서로 교류하고 통합하는 움직임이 활발해져서, 결과적으로는 지구 전체를 거대한 공동체로 보는 친근한 의식이 형성되리라 본 것이다. 이같은 상황을 비유적으로 표현한 말이 "지구촌 세상"이다.

미디어가 중요한 도구임에는 틀림없지만, 전자 미디어로 인해 지구촌 세상이 실현되리라는 생각은 너무 낙관적이다. 현대 사회는 전자 미디어 사용이라는 하나의 요인만으로 거대한 공동체적 의식을 꽃피우기에는, 훨씬 복잡하기 때문이다. 그래서 맥루헌이 말한 "지구촌 세상"에 대해서는 비판이 가해지기도 한다. 그렇지만 인터넷 시대에는 국경을 초월한 커뮤니케이션이 확산되면서 먼 나라를 가깝게 느끼고 먼 곳에 있는 사람들을 이웃처럼 친근하게 생각하는 흐름도 분명히 있으므로, 맥루헌의 생각이 100퍼센트 어긋났다고 보기도 어렵다.

현대 사회에는 다양한 특징을 가진 수많은 미디어가 공존한다. 책,

신문, 인쇄물은 물론이거니와 텔레비전이나 라디오 같은 매스 미디어에, 하루가 멀다 하고 업그레이드되는 컴퓨터, 인터넷, 스마트폰 등에 이르기까지, 싫든 좋든 미디어에 둘러싸여 생활하고 있다. 예전에는 누구나 사용할 수 있는 미디어의 종류가 다양하지 않았고, 미디어를 사용할 정도의 지식과 자본을 가진 사람은 일부에 지나지 않았다. 다양하고 다채로운 미디어가 공존하는 것이야말로 현대 사회의 고유한 특성이라고 할 수 있다. 맥루헌은 '현대 사회에 존재하는 무수히 많은 미디어를 어떻게 이해할 것인가'라는 근본적인 물음에 대해 '일상생활 속에서 다양한 감각을 만들어 내는 장치'라는 나름대로의 답변을 제시했다.

다음 장부터는 보다 구체적인 사례를 통해 다양한 미디어가 어떻게 세상에 등장했으며 그에 반응해서 세상이 어떻게 바뀌어 나갔는지를 살펴보려 한다. 그 속에서 '미디어를 어떻게 이해할 것인가'라는 물음에 대한, 나만의 해답을 찾아보기 바란다. '세상을 바꾼 미디어'를 탐구하는 흥미로운 여행은 이제부터가 시작이다.

문자 미디어:
활자와 저널리즘의 시작

그리스 사람들은 왜 토론을 좋아했을까?

『일리아드』와 『오딧세이아』는 고대 그리스 시대에 쓰인 대서사시로, 현존하는 가장 오래된 장편 문학이다. 그리스 신화와 트로이 전쟁을 소재로 했는데, 발뒤꿈치에 화살을 맞아 전사하는 영웅 아킬레우스, 거대한 목마에 속아서 적군에게 성문을 활짝 열어젖히는 트로이의 비극, 바다의 요정 칼립소에 붙잡혀 바다를 떠도는 오딧세우스의 모험담 등은 여러 차례 영화화되기도 한 유명한 에피소드이다.

『일리아드』와 『오딧세이아』는 파피루스 두루마리에 쓰여 전해졌다. 제작 시기는 기원전 6세기에서 기원전 7세기로 추정되며, 작가는 시인 '호메로스'라고 알려져 있다. 호메로스의 생애에 대해서는 알려진 것이 많지 않다. 여기저기에 흩어져 있는 단편적인 기록을 종합해 추정하자면, 기원전 8세기 전후에 생존했고 앞을 보지 못하는 시각 장애인이었으며 이오니아 지방_{지금의 터키 서부, 에게 해에 인접한 해안 지방} 출신이었다고 한다.

그런데 호메로스를 둘러싼 흥미로운 사실이 있다. '호메로스'라는 단어가 고대 그리스 일부 도시 국가에서 '장님'을 뜻하는 일반 명사로 쓰이기도 했다는 사실이다. 즉, 서사시의 위대한 작가로 알려진 호메로스가 특정 인물을 지칭하는 이름이 아니라, 시각 장애를 가진 음유 시인을 지칭하는 일반 단어였을 가능성도 배제할 수 없다. 실제로 두 서사시의 분량은 매우 방대해서 『일리아드』는 총24권 15,693행, 『오딧세이아』는 총24권 12,110행에 달한다. 단 한 명의 작가가 이 방대한 서사시를 혼자 지을 수 있었을까? 쉽게 단언하기 어려운 일이다.

기원전 5세기경 꽃병, 아킬레우스가 화살을 맞은
페트로클로스를 치료하는 모습이 새겨져 있다.

당시에는 시각 장애가 지적인 일에 종사하기 적합한 조건으로 생각
되었다. 최초로 원자론을 주장한 그리스의 과학자 데모크리토스는 더
잘 생각하기 위해 스스로 시력을 손상시켰다고 한다. 또한 고대의 기록
에는 "눈이 멀지 않으면 시인이 될 수 없다."라는 문구도 있다. 그런데 왜
시각 장애를 지적인 일에 적합한 조건이라고 생각했을까? 이는 문자가
폭넓게 쓰이지 않았다는 사실과 연결 지어 생각해 볼 수 있다.

당시에도 문자는 있었다. 건축물이나 기념비에 상징적으로 문자를
새겨 넣거나 간단한 문장으로 행정 기록을 남기기도 했다. 하지만 일상
에서는 문자를 잘 사용하지 않았다. 따라서 자신의 생각을 말로 잘 표현
하기 위해서는 가능한 한 많은 것을 머릿속에 기억해 둘 필요가 있었다.
그런데 시각 장애인은 시력을 잃은 대신 기억력이 좋다고 생각했기 때문

에 철학과 문학 등 지적인 일에 종사하기에 적합하다고 여겨졌던 것이다.

다시 호메로스의 이야기로 돌아가면, 요즘의 고대 문학 연구자들은 이름이 호메로스인 천재적인 작가가 있었다는 설보다 옛날이야기를 구전하는 여러 명의 '호메로스'음유 시인가 있었다는 가설에 오히려 무게를 두는 분위기이다. 두 서사시에는 관용적 표현이나 반복적인 음률이 자주 등장하고, 의미가 없는 형용구가 문자 수를 맞추기 위해 삽입된 부분이 많이 발견된다. 또 음률을 맞추기 위해 사용된 형용구에는 고대 그리스 초기와 후기의 방언이 섞여 있다. 이야기의 소재나 관용 표현도 여러 명의 이야기꾼에 의해 덧붙여진 흔적이 보인다. 즉, 두 서사시는 한 명의 작가가 '창작'한 이야기가 아니라, 오랜 세월에 걸쳐 많은 음유 시인들에 의해 구전되어 오던 옛날이야기가 단지 '기록'된 것일지도 모른다.

호메로스가 누구인가를 둘러싼 논쟁은 아직까지 풀리지 않는 수수께끼이지만, 이 이야기는 우리가 문자 없는 시대를 상상해 보는 데에 좋은 소재이다. 문자가 없는 시대에는 모든 것을 기억해야 했다. 과거의 사실을 잘 기억하는 것이 매우 중요했고, 잘 기억하기 위해 다양한 방법과 전략이 동원되었다. 고대 그리스 시대에는 웅변과 구술 토론이 활발했다. 이는 당시 사람들이 말을 유창하게 했거나 토론을 즐겨서라기보다는 그렇게 할 필요가 있었기 때문이다. 요즘에는 논문을 쓰거나 글을 통해서 주장을 펼칠 수 있지만 당시에는 글이 아닌 말로 조리 있게 표현하고 누군가와 대화를 함으로써 생각을 수정해야 했다. 그 시대에는 암기 능력이 최고의 지적 덕목이었다.

'문자가 없는 시대'라고 해서 표현 방식이 빈약하거나 사회가 단순하지는 않았을 것이다. 『오딧세이아』나 『일리아드』에서 알 수 있듯이, 글이 아닌 말로 전해지는 이야기에 걸맞은 표현 양식과 소통 수단이 있었고 그 속에서 표현 문화가 꽃필 수 있었다. '문자가 없는 시대'에는 청각 정보를 중심으로 사회가 움직였기 때문에 그만큼 말과 소리가 중요한 요소였다. 지금 우리 삶의 중심을 이루는 것은 말이나 소리가 아니라, 문자로 된 기록이나 이미지 정보이다. 즉, **'문자가 있는 시대'의 삶은 청각 중심이 아니라 시각 중심이다.** 이렇게 시각 정보가 사회의 중심 요소로 대두된 것은, 기나긴 인류 역사에서 비교적 최근의 일이다. 누구나 일상에서 문자를 접하는 '문자가 있는 시대'는, 활판 인쇄술의 화려한 등장과 함께 시작되었다.

활판 인쇄, 암흑의 중세에 종말을 고하다

15세기 중반, 독일 마인츠 출신의 기술자 요하네스 구텐베르크가 금속 활판 인쇄에 성공했다. 알파벳을 한 글자 한 글자 금속 활자로 제작하고 조립식으로 활판에 배치한 뒤, 잉크 압착기로 찍어 내는 새로운 인쇄 기술은 책의 대량 생산을 가능하게 한 혁신이었다.

　구텐베르크는 1455년 금속 활판 기술을 이용해 『구텐베르크 성서』를 인쇄했다. 한 쪽에 42행을 배치했다고 해서 '42행 성서'라는 별명이 붙은 이 책은 미적으로도 무척 아름답다. 구텐베르크의 금속 활자는 오랫동안 인류 역사상 가장 획기적인 기술 발명의 하나로 칭송되어 왔다.

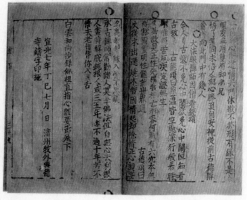

왼쪽 구텐베르크의 『42행 성서』(1455년)
오른쪽 고려 말기에 금속 활자로 인쇄한 『직지심경』(1377년)

그런데 구텐베르크보다 먼저 금속 활자를 이용한 것으로 추정되는 책이 1970년대에 발견되면서 전 세계적으로 큰 화제를 불러 일으켰다. 바로 고려 말기인 1377년에 우리나라에서 만들어진 『직지심경』이다.

10세기 이전부터 동양 문화권에서는 나무판에 판각을 해서 책을 찍어 내는 목판 인쇄술이 발달했다. 12세기경에 이미 조립식 금속 활자를 만들었다는 기록도 있다. 중세 시대 서양에서는 손으로 필사해서 책을 만드는 방법밖에 없었던 데 비하면 시기적으로 확실히 앞선다. 하지만 당시 동양에서 사용하던 문자는 표의 문자인 한자였다. 수만 자에 달하는 한자를 일일이 활자로 제작하는 데는 한계가 있었다. 고려 시대에 이미 금속 활자본이 발명되었다고 해도, 그 이후 한반도에서 제작된 책은 대부분 목판 인쇄술을 이용했다. 또한 시기적으로는 동양 문화권의 활자 기술이 앞섰다고 해도, 정밀도 측면에서는 구텐베르크의 금속 활자가 월등히 우수하다. 『42행 성서』는 금속 활판을 이용해 판본 180부를 찍어 냈다고 하는데, 고려 시대의 『직지심경』은 금속 활자로 기껏해야 10여 부를 찍어 낼 수 있었다고 한다.

구텐베르크의 금속 활자는 인류 역사에 획을 긋는 계기가 되었다. 책의 대량 생산이 가능해지면서 출판업이 발달할 수 있었다. 좋은 인쇄 기술이 있다고 해서 반드시 출판업이 부흥하지는 않는다. 책을 만들 종이와 잉크의 충분한 수급, 제본 기술의 발달 등 물리적 조건이 받쳐 줘야 한다. 또 어떤 내용의 책을 만들 것이며, 누가 읽을 것인가, 라는 문제도 있다. 책을 잘 쓰는 작가도 필요하고, 책을 꾸준히 읽고 싶어 하는 독자층도 있어야 한다. 15세기 중반, 유럽은 구텐베르크의 새로운 인쇄 기술뿐 아니라 종이나 잉크 등을 충분히 조달할 수 있는 경제 수준에 도달해 있었고, 대학 등 고등 교육 기관이 정착되면서 새로운 지식인층이 급속히 부상하고 있었다. 인쇄 기술의 혁신과 함께 출판업이 발달할 수 있는 여러 사회적 조건이 충분히 성숙한 상태였다.

책은 대량 제작이 가능한 '공산품'이 되었고 책값은 획기적으로 떨어졌다. 사상서, 교양서, 대중 소설 등 새로운 종류의 책이 앞다투어 제작되었고, 다양한 지식과 사상이 보급되면서 대중들이 현실의 부조리에 눈뜨기 시작했다. 계급에 대한 비판의 소리가 높아졌고, 적극적으로 사회를 바꿔 나가려는 움직임도 생겨났다. 새로운 시대의 개막을 예고하는 종교 혁명과 산업 혁명은 이렇게 시작되었다. 구텐베르크의 인쇄 기술이 암흑의 중세 시대에 종말을 고하는 신호탄이 된 것이다.

이전에도 책은 있었다. 하지만 인쇄술이 발달하기 전의 책은 지금과는 완전히 다른 종류의 물건이었다. 책은 읽기 위한 물건이 아니라, 장식하기 위한 물건이었다. **책은 수작업으로 한 글자 한 글자 양피지에 글자를 새겨서 만든, 고급스러운 공예품이었다.** 한 권의 책을 만드는 데는 수개월이 걸렸다. 소장품으로서 가치를 더하기 위해 고급 가죽으로 표지를 씌우거나 값비싼 보석으로 장식하기도 했다. 이렇게 귀한 물건이었기 때문에 수도원이나 도서관에 있는 책은 함부로 가져 가지 못하게 쇠사슬에 단단히 묶여 있었다.

당시에는 책을 '쓰는' 사람 또한 매우 드물었다. 예로부터 전해 내려오는 성서나 고문서를 필사해서 책을 '만드는' 사람이 있었을 뿐이다. 지식을 수집하고 관리하는 일에서 독점적인 지위를 가졌던 수도원이 책을 만드는 역할을 맡았다. 규모가 큰 수도원에는 '사본실'과 '제본실'이 별도로 있었고, 수도사들은 몇 개월이고 틀어박혀 한 글자 한 글자 쉼 없이 필사해 나갔다. 책을 '만드는' 일은 가혹한 육체 노동이었다.

그런데 13세기 이후, 유럽 곳곳에서 고등 교육 기관인 '대학'이 출현하면서 상황이 변하기 시작했다. 예전에는 공예품이나 장식품에 불과했던 책을 본격적으로 '읽고 탐구하는' 지식인층이 형성된 것이다. 수도원에서 공들여 만드는 필사본만으로는 대학에서 필요한 책의 수요를 충당할 수 없었다. 여전히 손으로 필사하고 제본하는 방법밖에 없었지만, 이때부터 책을 만드는 전문 공방이 급속히 늘어났다. 필사를 전문으로 하

위 사본실의 수도사 (연도 미상),
아래 필사 중인 장 미엘로의 초상(1456년)

책 읽기란, 누군가가 읽어 주는 글의 내용을 듣는 행위를 뜻했다.

는 공방이 있는가 하면, 필사된 원고에 붉은색 머리글자를 입히거나 삽화만 전문으로 담당하는 공방도 생겼다. 책 제작에 분업이 도입된 것이다. 14세기 이후에는 제지 기술이 발달하면서 종이로 만든 책이 출현했다. 종이를 이용하자 필사본을 만드는 데에 드는 비용을 줄일 수 있었고, 제본업은 더욱 박차를 가하게 된다. 구텐베르크의 혁신적인 인쇄 기술이 무대에 등장한 것은 바로 이 시기였다.

　필사로 만든 책은 여러 명의 필사자가 함께 재구성한 공동 제작물이었다. 제목과 내용이 같은 책이라고 해도 내용이나 단어가 미묘하게 다른 경우가 많고, 책의 본문에 "팔이 많이 아파서 그만 쓴다."라든가 "해가 저무니 이만하겠다."라는 등 필사자의 작업 환경을 묘사한 문장이 불쑥 등장하는 경우도 있었다. 활판 인쇄술이 보급되어 필사본 책이 사라지면서, 저자 한 명이 고유의 작품을 엮는다는 의미에서 '책을 쓴다.'라는 개념이 비로소 생겨났다.

그렇다면 '책을 읽는다'는 것은 무엇을 의미했을까? 중세 시대까지만 해도 글을 읽고 쓸 수 있는 인구는 매우 적었다. 구텐베르크의 인쇄 기술로 인해 출판업이 활기를 띠면서 14세기 이후 책의 수요가 는 것은 사실이나, 책 판매량에 비례해서 식자층이 획기적으로 늘었다고 보기는 어렵다. 대다수는 스스로 책을 읽는 것이 아니라, 글을 읽을 줄 아는 사람이 책을 큰 소리로 낭독해 주는 것을 들었다. 라틴어로 '읽다'라는 단어인 'legere'는 원래 '귀를 기울이다', '듣다'라는 뜻이다. 책을 읽는다는 것이, '눈으로 글자를 읽는 행위'가 아니라 '누군가가 읽어 주는 글을 듣는 행위'였다는 사실을 의미한다. 책을 조용히 속으로 읽는다는 의미로 '독서'라는 개념이 생길 때까지는 몇 세기가 더 걸렸다.

인쇄술 발명의 진정한 의미는, 책의 제작 공정을 개선했다는 점이 아니라, 소수 지배층이 사회 전체의 지식을 배타적으로 소유하는 정보의 독점 구조가 드디어 바뀌기 시작했다는 데에 있다. **인쇄 기술이 발명되면서 책은 비로소 쇠사슬에서 풀려났다. 정보 권력자의 독점적 소유물에서 벗어나 보통 사람들에게 지식과 지혜를 전달하는 대중적인 미디어로 다시 태어난 것이다.**

새로운 미디어가 감당해야 할 비난

인쇄 기술의 발달로 책이 활발히 유통되면서 지식은 해방되었다. 그런데 흥미로운 것은, 지식의 보급과 새로운 철학의 필요성에 있어서 그 누구보다 적극적이었던 당대 사상가들이 책이 대중적으로 보급되는 상황에는 냉소적이었다는 사실이다.

계몽주의 시대의 대표적인 사상가인 루소는, 교육에 대한 생각을 피력한 저서 『에밀』1762년 에서 **"나는 책을 싫어한다. 책은 우리에게 자신이 알지도 못하는 것을 말하도록 가르친다."**라고 비판했다. 루소는 아이들에게 책을 읽히는 것은 올바른 교육 방법이 아니라고 주장했다. 책은 사람이 살아가는 데 필요한 유용한 지식을 제공하지 못할 뿐 아니라, 오히려 쓸모 없는 지식을 강조함으로써 "행복하지 못한 삶"을 살도록 이끈다는 것이다. 루소가 아이들에게 읽힐 만하다고 추천한 유일한 책은, 대니얼 디포의 소설 『로빈슨 크루소』였다. 무인도에 표류한 크루소가 "아무의 도움을 받지 않고 아무런 도구도 없이 자신을 보호하고, 나아가서 어느 정도 행복까지 얻는" 내용이다. 루소는 책이 사람들의 머릿속을 복잡하게 만들어서 행복한 삶을 사는 데 오히려 방해가 된다고 생각했던 것이다.

쇼펜하우어는 루소보다 조금 후대의 인물로, 출판업이 바야흐로 전성기를 맞아 대중을 위한 책이 봇물 터지듯 보급되는 시기에 활약한 사상가였다. 쇼펜하우어는 "경박한 책이 마구잡이로 세상에 쏟아져 나오고 있는" 세태를 진심으로 한탄하고 비판했다. 특히 "독창적인 사고를 갖고 있지 않으면서 얕은 생각을 베끼는 저자들"과 "익명에 기대어 되지도 않는 비판을 쏟아 놓는 비평가들"에 대해 대단히 비판적이었다. 쇼펜하우어는 스스로 인기 없는 사상가라고 생각했는데, 마음에 두고 있는 비난의 대상은 당대 자신의 최대 라이벌이자 최고의 인기 작가였던 철학자 헤겔이었다. 쇼펜하우어에게 '책'이란 대중의 인기에 편승한 작가들이 사려 깊지 못한 사상을 무분별하게 사회에 전달하는 유익하지 못한 미디어였다.

루소나 쇼펜하우어나 둘 모두 책에 기대어 명성을 누렸던 사상가인 만큼 출판 기술에 대해 근본적으로 부정적이지만은 않았을 테다. 하지만 누구나 책을 읽는 시대, 책을 통해 작가가 명성을 얻는 시대에 대한 이질감과 거부감이 있었던 것이다. 당시 책은 새로운 미디어였다. 오늘날 새로운 미디어에 대한 부정적이고 냉소적 반응이 끊이지 않는 것처럼, 다소의 반감은 '뉴 미디어'로서 책이 감당해야 하는 숙제였을지도 모른다.

문자 미디어의 꽃, 뉴스

우리는 날마다 뉴스를 읽는다. 종이 신문을 구독하는 인구가 줄었다고 하나 세상 돌아가는 이야기, 새로운 소식을 알고 싶어 하는 수요는 결코 줄지 않았다. 나, 우리집, 우리나라에 대한 정보만으로는 부족하다. 세계 정세의 동향에 따라 우리 사회가 변화하고, 이웃 나라의 환율 사정이 우리나라 물가에 영향을 미친다. 다양한 정보가 우리 삶에 미치는 영향은 나날이 커지고 있다. 우리는 심지어 수천 킬로미터 떨어진 먼 곳에서 일어난 시시콜콜한 사건·사고나, 좋아하지도 않는 여배우의 사생활에까지 관심을 기울이게 되었다. 뉴스가 삶의 일부가 된 것이다.

불과 수백 년 전만 하더라도 사람들에게 뉴스는 그저 그런 옆 동네 얘기일 뿐 삶에 큰 영향을 미치는 요소가 아니었다. 옆 동네 얘기가 가치 있는 정보로 바뀌기 시작한 것은 16세기 이후 교통수단이 발달하면서 지역 간의 교류가 늘어났을 때부터였다. 해상 교통이 발달하면서 서유럽을 중심으로 외국과의 접촉이 급속히 늘어났고, 외국과의 무역이나 군사 분쟁도 함께 늘어났다. 먼 곳의 뉴스가 나의 삶에 직접적인 영향을 미치게 된 것이다.

정보에 대한 수요가 처음 대두될 당시, 뉴스를 전달하는 미디어로 적극 활용되었던 것은 '우편'mail이었다. 먼 나라로 여행하는 사람들이 편지를 써서 현지 사정과 정보를 본국의 지인들에게 전달했다. 신문이나 방송 같은 본격적인 보도 시스템이 정착되기 이전, 편지는 사회적으로 유익한 정보를 전달하기 위한 공적인 정보 전달 수단이었다. 편지는 개인에게 읽히기 위한 것이 아니라 인쇄되기 위한 것이었고, 지역의 새로운 소식을 전하는 미디어였다. 이런 편지는 팸플릿이나 전단지로 인쇄되어 거리에서 팔렸는데, 이것을 '뉴스레터'newsletter라고 했다.

구텐베르크의 인쇄술 이후 서민들이 보다 쉽게 책을 접할 수 있게 된 것은 분명하지만, 누구나 출판업에 뛰어들 수 있는 환경은 아니었다. 국왕, 귀족 등 권력과 굳게 결탁한 인쇄 공방이 세력을 과시하던 터라 출판업에 종사할 수 있는 사람은 소수에 불과했다. 그런데 **16세기 이후 왕권에 대항한 시민 세력의 목소리가 커지면서 상황은 점차 변하기 시작했다. 권력자들과 담합했던 인쇄 공방의 힘이 약해지고, 신흥 출판업자들이**

다양한 정보를 담은 인쇄물을 자유롭게 제작하는 풍토가 생겨났다. 대량으로 인쇄된 다양한 뉴스레터와 팸플릿이 등장하게 된 것은, 인쇄 기술에 대한 독점 및 통제 상황이 약화되었음을 의미한다.

영국은 이 같은 움직임이 가장 활발했던 곳이다. 17세기 중반 영국은, 절대적인 왕권과 전제 정치에 대항하는 일반 시민 세력이 중심이 되어 개혁을 추진하는 격렬한 변혁기를 겪고 있었다. 청교도 혁명^{1640년}에서 왕정 복고^{1658년}가 이루어질 때까지 약 20년간, 영국에서 발행된 뉴스 전단지는 무려 3만여 종류가 넘었다. 길거리에서 배포되는 뉴스 전단지를 통해 너도나도 자유로운 주장을 펼치기 시작했고, 다양한 발언을 할 기회가 주어졌다. 이런 토론 문화를 배경으로, 날마다 일어나는 사건이나 사고, 장안의 화젯거리를 담아 정기적으로 전달하는 '신문'^{newspaper}이라는 미디어가 탄생한 것이다.

커피하우스에서 싹튼 저널리즘

당시의 신문은 지금처럼 개인이 구입하거나 구독하는 미디어가 아니었다. 신문 배달이나 신문 가판대라는 게 없었을 때이기도 하고, 무엇보다 글을 읽을 줄 아는 사람이 많지 않았다. 사람들은 신문이 있는 곳을 찾아가야 했고, 글을 읽을 줄 아는 사람에게 신문을 읽어 달라고 부탁해야 했다. '신문이 있는 곳, 신문을 읽어 주는 사람들이 있는 장소'로 커피하우스가 인기를 끌었다. 당시 커피는 터키를 통해 서구 유럽에 막 알려진 이색적인 음료였다. 런던, 파리 등지에는 새로운 문화 명소로서 '커피하우스'가 하나둘씩 생겨나 큰 인기를 끌고 있었다.

커피하우스에는 여러 종류의 신문 및 정보 전단지가 비치되었고, 정치에 관심이 많은 지식인이나 세상 일이 알고 싶은 사람들이 매일같이 모여들었다. 함께 신문을 읽고 의견을 주고받고, 때로는 밤늦게까지 열띤 토론을 벌였다. 커피하우스는 그 어느 곳보다 신속하고 정확하게 최신 뉴스를 접할 수 있는 장소였고, 당시의 핫이슈에 대해 격렬하게 정치적 의견이 교환되는 곳이었다. 17세기 말에서 18세기 초, 영국 런던은 커피하우스의 전성기를 맞는다. 뉴스 열람소 역할을 하는 커피하우스가 3,000곳이 넘었다고 한다.

신문이 취급하는 기사의 내용도 다양해졌다. 해외 뉴스나 무역 정보, 가십과 같은 최신 정보뿐 아니라 국가 기관의 고지, 선전 문구도 게재되었다. 논쟁을 좋아하는 독자들을 위해 혁명, 내란, 국내외 분쟁에 관한 정치적 이슈도 적극적으로 담았다. 신문은 단순한 정보 전달자에서 나아가 사회적인 문제를 제기하고 그에 대한 각계 각층의 의견을 수렴하고 민주적으로 결론을 내리기 위한 '의견 교환의 장' 역할을 맡게 되었다. **사람들은 신문에 실린 기사를 놓고 설왕설래 토론을 벌이는 일을 즐겼다. 토론의 이슈가 되는 것을 염두에 둔 신문 기사도 많아졌다. 사회의 중심 이슈를 확인하고 서로 다른 의견을 조정해서 '공론'을 만들어 나가는 것이 신문의 중요한 역할이 된 것이다.** 이렇게 신문을 통한 '저널리즘'이 시작되었다. 사회에 중요한 뉴스나 이슈를 미디어를 통해 제기하고, 그 문제에 대해 서로 다른 의견을 교환할 수 있는 장을 제공하며, 토론을 통

1870년 9월 17일 자 「일러스트레이티드 런던 뉴스Illustrated London News」에 실린 파리의 커피하우스. 늘 논쟁으로 떠들썩했으며, 토론이 싸움으로 번지는 경우도 잦았다.

해 합리적인 결론을 도출하는 것. 현대 사회에서 저널리즘이 수행하는 역할이다. 저널리즘이라고 하면 전문성이 높은 언론이나 사명감에 가득 찬 기자의 모습을 떠올리는 사람이 많을지 모르지만, 그 시작은 다양한 직업, 연령, 신분의 보통 사람들이 커피하우스에 모여서 시끌벅적 토론하던 문화에서 시작되었다는 사실을 기억할 필요가 있다.

1674년 런던에서 인쇄된 이 게시물에는
커피하우스에서 지켜야 하는 규칙이 소개되어 있다.
커피하우스에서는 누구나 평등하므로 신분이 높은 자가
있어도 자리를 양보할 필요가 없으며, 욕설을 하면
12펜스의 벌금을 내야 하며, 싸움을 일으킨 자는
피해자에게 커피를 한 잔 사야 한다는 등의
규칙이 명시되어 있다.

미국 대통령을 사임시킨 저널리즘

저널리즘은 위정자가 권력을 남용하는 일이 없는지 감시하고 고발하는 '권력의 감시자' 역할도 한다. 투표를 통한 대안 민주주의를 유지하는 데 있어서, 이 역할은 매우 중요하다. 위정자가 시민으로부터 위임받은 권력을 적재적소에 사용하는지, 남용하지는 않는지 수시로 확인하고 투표권자에게 사실을 알릴 필요가 있기 때문이다.

저널리즘이 권력의 감시자 역할을 수행한 대표적인 사례로 전 세계를 들끓게 한 '워터게이트 사건'을 꼽을 수 있다. 워터게이트 사건은 1972년 공화당 소속의 미국 대통령 닉슨이 재선을 위한 정치적 활동을 한창 벌이고 있던 와중에 일어난 유명한 정치 스캔들이다. 워싱턴 D.C.에 있는 민주당 전국위원회 본부에 무단 침입하려던 괴한 다섯 명이 체포되었는데, 이들이 닉슨 대통령의 선거 운동 본부에서 흘러나온 돈을 받고 상대편 당사에 도청 장치를 설치하려 했던 사실이 밝혀졌다. 이 사건은 민주당 본부가 있는 건물의 이름을 따서 '워터게이트 사건'이라 이름 붙여졌다. 닉슨 대통령과 측근들은 처음에는 사건 개입을 극구 부인했다. 하지만 「워싱턴 포스트」, 「뉴욕 타임스」 등 언론이 집요한 취재를 계속하는 가운데, 백악관 집무실에서 사건을 지시한 내용이 담긴 테이프가 있다고 밝혀졌다. 녹음 테이프의 존재와 공개를 둘러싼 논쟁이 벌어졌는데, 이 내용은 텔레비전을 통해 생중계되었다. 닉슨 대통령은 결국 혐의를 인정했고, 대통령직을 사임했다. 미국에서 정치 스캔들로 인해 대통령을 사임시킨 사례는 워터게이트 사건이 유일하다.

게릴라 뉴스 미디어, 대자보

우리나라도 저널리즘이 민주주의의 역사에서 매우 중요한 역할을 수행해 온 것은 사실이다. 하지만 일제의 식민 지배하에서 수동적으로 근대 기술 문명에 문호를 개방하고 근대화를 추진해 온 우리나라 저널리즘과 민주주의를, 수백 년 전 서유럽 사회와 완전히 똑같은 틀에서 이해할 수는 없다.

서유럽에서는 수백 년간 수없이 시행착오를 거듭하며 민주주의 사회를 일구어 냈다. 이 과정을 우리나라에서는 한 세기도 되지 않는 짧은 기간에 겪어야 했다. 특히 해방 이후 6.25전쟁과 군부 독재를 겪으면서 정치적인 혼란 상황이 오래도록 지속되었다. 민주 사회에 대한 시민들의 열망은 높았던 반면, 어떻게 민주주의 사회를 만들어야 할지에 대한 깊이 있는 성찰은 부족했다.

1960년대 이후 군사 쿠데타로 들어선 정부와 이에 대항하는 시민 세력의 격렬한 충돌이 끊이지 않았다. 1980년대에 학생과 시민 들의 정권 반대 운동이 절정에 달했을 무렵, 대학 캠퍼스나 시민들의 시위 현장에서 '대자보'라는 벽보가 활발하게 제작되어 유포되었다. 당시는 언론에 대한 정권의 검열과 탄압이 극에 달하던 시절이어서, 기존 언론사의 보도나 논설에 대한 시민들의 불신이 대단히 높았다. 언론 보도에 회의적이었던 시민들은 직접 벽보를 제작하고 스스로 발언하는 방식을 선택했던 것이다. 우리나라 저널리즘의 역사를 이해하기 위해서는 신문 방송 등 제도권 언론의 역사뿐 아니라, 시민 발언을 위한 미디어로서 '대자보'

의 역사에도 주목해야 한다.

정치적, 사회적 이슈를 고발하는 도구로 벽보가 사용된 역사는 1980년대 훨씬 이전으로 거슬러 올라간다. 일본 식민지 시대에 활동하던 독립운동가들이 벽보를 투쟁의 도구로 사용했다는 기록도 있으며, 해방 이후 좌우 이념 논쟁이 극심하던 시절에도 이데올로기 선전을 위한 도구로 벽보가 자주 활용되었다. '대자보'라는 이름은 중국의 문화대혁명 때 인민의 선전 도구로 적극 활용되었던 벽보, '따찌바오'大字報에서 따온 것이다.

대자보는 '게릴라식' 미디어였다. 대학 캠퍼스나 집회 장소, 가두 시위 현장 등에 출현했다가 금세 철거되었다. 대자보는 집회나 시위의 고지, 정치적 이슈에 대한 주장이나 제안을 담았다. 한 무리가 자기들의 주장을 담은 대자보를 게시하면, 다음 날엔 다른 의견을 가진 사람들의 반박 대자보가 나붙어 지면을 통한 토론이 일어나기도 했다.

대자보는 매스 미디어와는 비교할 수 없을 정도로 좁은 범위에 내용을 전달하는 '작은' 미디어였다. 저널리즘이란 사회 전반에 걸쳐 이슈를 제기하고 다양한 의견을 수렴하여 여론을 형성하는 것이므로, 대자보가 본격적인 저널리즘의 역할을 했다고 볼 수는 없다. 하지만 민주화 운동에 있어서 시민 발언의 구심점으로서는 뚜렷한 존재감을 갖고 있었다. 대자보는 시민들이 스스로의 힘으로 공공의 화제에 대한 의견을 표명하고 갑론을박할 수 있는 토론의 장을 만들고자 했다는 의미에서 17세기 런던의 커피하우스의 문화에 비견할 만하다.

1990년대 후반, 드디어 군사 정권이 막을 내리자 민주화를 요구하던 시민과 학생들의 시위도 급속히 줄어들었다. 민주화가 실현되었다는 의식이 사회 전반에 퍼진 것도 한 이유였지만, 아시아 지역을 중심으로 금융 시스템이 붕괴하는 경제 위기가 닥치면서 한국 사회의 중심 화제가 민주화에서 경제 재건으로 옮겨 간 것도 크게 영향을 미쳤다. 정치적 화젯거리가 줄어들면서, 대자보가 제작될 만한 상황도 급격히 사라졌다.

지금은 주변에서 대자보를 찾아보기가 그리 쉽지 않다. 대학 캠퍼스에는 아직 간간이 등장하지만, 예전에 비해 숫자가 크게 줄었고 지면을 통해 활발한 토론이 일어나는 일도 무척 드물다. 우리나라 대자보는 오래도록 군부 독재 시절을 겪으면서 언론 보도에 대한 뿌리 깊은 불신 속에서 싹튼 풀뿌리 토론 문화였다. 언론에 의존하지 않고, 스스로 적극적으로 발언하고 의견을 개진하겠다는 적극적인 시민상이 반영된 것이다.

1980년대의 대자보는 시민들이 스스로 만들어 낸 미디어이자, 한국 사회의 특유한 경험에서 탄생한 대안 저널리즘의 한 형태였다. 시민들이 민주화 운동을 하며 자발적으로 풀뿌리 토론장을 만들었던 경험은, 한국 사회의 역동적인 미디어 문화에 영향을 미쳐 오늘날 온라인 공간에서의 활발한 토론 문화로 이어지고 있다.

최남선의 잡지 『괴기』

'활자 미디어'라고 하면, 특정 주제에 대해 여러 명의 필자들이 쓴 기사나 에세이를 엮어서 정기적으로 간행하는 '잡지'를 빼놓을 수 없다. 신문이 '민주주의와 시민사회'라는 확고한 사명감을 갖고 만들어지는 것과는 달리, 잡지는 개개인의 다양한 취미나 취향을 반영하기 때문에 내용이 천차만별이다. 소년 잡지, 여성 잡지, 만화 잡지, 기발한 취미 잡지 등 다양한 장르가 공존하며, 서로 다른 목소리가 드러난다는 점이 매력적인 미디어이다.

　　우리나라 잡지의 역사는 일제 시대 때 시작되었다. 순탄치 않은 시대를 겪으면서 성장해 온 만큼, 오래된 한국 잡지 중에는 계몽적인 의견을 담거나, 정치적인 문제를 다루는 잡지가 많았다. 그러한 경향 속에서 육당 최남선 선생이 펴낸 『괴기』1929년 창간는 보기 드문 별난 잡지이다. '괴기'라는 제목부터 괴짜 냄새가 난다. 내용은 스포츠 신문이나 성인 잡지에나 등장할 법한 말초적인 기사들이 주를 이룬다. 동서고금의 생식기 숭배나 변태 성욕에 대한 낯뜨거운 분석이라든가 "콩쥐 팥쥐 이야기가 서양의 신데렐라 얘기의 원조"라는 맹랑한 속설을

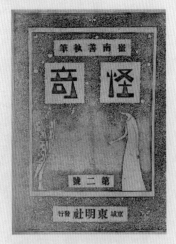

잡지 괴기 제2호

버젓이 적어 놓는가 하면, 중국에서 최신 유행 중인 괴담을 소개하는 등 점잔 빼는 간행물에서는 좀처럼 찾아보기 힘든 내용들이다.

잡지 『괴기』는 사실 육당 선생이 혼자 쓰고 펴낸 잡지였고, 제2호까지밖에 나오지 않았다. 잡지에 대해 언급한 당시 기록도 거의 없는 것을 보면, 큰 인기는 끌지 못했을지도 모른다. 하지만 우리나라 잡지 역사의 초창기에 이런 유쾌한 시도가 있었다는 점에 주목하자. 계몽적, 사회적, 정치적인 담론이 판치는 세상에서 일상적이고 개인적인 이야기, 때로는 말초적인 관심까지 담아 내는 미디어라는 점이야말로 잡지의 매력이 아닐까?

소리 미디어:
말하는 기계와 무선 취미

'말하는 기계' 전화의 등장

인류 역사에 본격적인 소리 미디어가 등장한 것은 근래의 일이다. 악기나 오르골 등 음악을 연주하기 위한 장치는 오래전부터 있었지만 음악이 아닌 일상적인 소리를 매개, 전달하는 기술 장치가 등장한 것은 불과 150여 년밖에 되지 않았다. 19세기 중반 전신이 일상적으로 쓰이게 되자 발명가들은 큰 자극을 받았다. 젊은 발명광들은 '뚜-뚜' 하는 전기 신호 대신 생생한 목소리를 전깃줄에 실어 보내는 '말하는 기계'를 만들고 싶어 했다.

처음으로 등장한 '말하는 기계'는 전화기였다. 일반적으로 미국인 그레이엄 벨이 전화기를 발명했다고 알려져 있지만, 전화기의 기초 기술 발명에 매달렸던 발명가는 한둘이 아니었다. 실제로 벨이 전화기로 특허를 취득하기 전에 라이츠라는 독일 사람이 인조 고막을 장착한 사람의 귀 모형을 전선으로 연결한 원시적인 전화기를 만들었다^{1861년}. 전화기에 '텔레폰'^{telephone}이라는 이름을 처음 붙인 사람도 라이츠였다. 발명광으로 유명한 에디슨도 한동안 전화기를 만드는 데에 매달려 있었다.

여하튼 최초로 전화기 특허를 취득하고 전화를 이용한 사업을 성공적으로 펼친 사람은 벨이었다. 에디슨이 새로운 발명품으로 돈을 버는 데에 혈안이 되어 있었던 반면, 벨은 돈을 버는 일에는 그다지 큰 관심이 없었다. 벨은 청각 장애자의 발음 교정을 돕는 선생님이었다. 전화기도 장애인의 발음 교정을 돕기 위한 학습 장치를 만들려다 나온 결과물이었다. 청각 장애자나 말더듬이의 발성과 발음 교정을 돕는 일은 벨의 가

전화기를 시연하는 그레이엄 벨(1876년).
최초의 전화기는 수화기와 송화기가 서로 분리되어 있었다.

업이었다. 할아버지, 아버지, 삼촌, 형도 발성 교정 교사였고, 어머니는 청각 장애자였으며, 벨이 평생을 함께 보낸 반려자이자 동업자인 메이블도 중증 청각 장애자였다. 전화기 발명 이후 벨은 한동안 전화 사업에 몰두했지만, 사업이 어느 정도 궤도에 오르자 완전히 손을 떼고 청각 장애자를 가르치는 본업으로 돌아갔다.

벨에게는 전화 사업보다도 장애인의 발음 교정이 가치 있는 일이었을지 모르지만, 세상 사람들에게 전화기는 대단히 놀라운 발명품이었다. **벨이 1876년에 전화기 특허를 냈을 때 특허 신청서에는 "음성 또는 소리를 전신 기술을 통해 보내는 방법 혹은 기계"라고 소개되어 있었다. 다시 말해 전화기는 '말하는 전신'이었다.** 벨은 그 해에 개최된 미국 건국 100

주년 기념 박람회에서 전화기를 시연했다. 청중들은 '말하는 전신'의 등장에 너무 놀라 "발표회장 전체에 전기 쇼크가 흐른 것과 같이" 일제히 말을 잃었다고 한다.

벨의 말하는 기계는 미국 사회에서 큰 화젯거리가 되긴 했지만 전신을 대체할 만한 발명으로 여겨지지는 않았던 것 같다. 그도 그럴 것이 당시에는 전신이야말로 가장 강력한 차세대 통신 수단임을 누구도 의심치 않았기 때문이다. 북미 전역에 전신국이 8,000개 이상 건설되어 있었고, 해저 케이블을 통해 전 세계를 전신망으로 연결하겠다는 원대한 계획도 세워져 있었다. 전신 장치도 눈부시게 발전했다. 뚜뚜뚜 소리를 송수신할 뿐인 원시적인 방식에서 벗어나 전기 부호를 알파벳으로 자동 변환하는 시스템도 개발되었고, 가정용 전신기도 출시를 앞두고 있었다.

하지만 벨은 전화가 곧 전신을 대체하리라고 굳게 믿고, 보다 적극적으로 전화 사업을 추진했다. 추가적인 기술 개발과 마케팅 비용이 필요했던 벨은 투자자들을 찾아 나섰다. 하지만 반응은 냉담했다. 미국 최대의 전신 회사였던 웨스턴 유니언 사에서는 "전기 장난감에 투자할 여유가 없다."라며 일언지하에 거절했다고 한다. 그들도 전신이야말로 미래를 이끌어 나갈 통신 기술이라고 굳게 믿고 있었기 때문이다. 벨은 하는 수 없이 돈이 좀 있는 장인 어른한테 투자를 받아 '벨 텔레폰 컴퍼니'라는 회사를 설립하고, 부인에게 회사 대표직을 맡겼다. 이 회사가 세계 최초의 전화 회사이자 한때 세계 최대의 통신 회사로 발전했던 미국 AT&T의 전신이다.

음악을 들려주는 전화

전화가 전신보다 편리하며 기술적으로도 우월한 통신 수단이라는 것을 온 세상이 알게 되기까지는 그리 오래 걸리지 않았다. 전화가 전보보다 훨씬 빠르고 정확하게 사연을 전달할 수 있다는 사실이 알려지기 시작한 것이다. 웨스턴 유니언 사는 순간의 실수로 엄청난 사업 기회를 놓쳤음을 깨달았다. 벨의 회사는 빠른 속도로 성장했고, 전화는 급속도로 보급되었다.

흥미로운 점은, 초창기 전화의 쓰임새는 지금과는 판이하게 달랐다는 것이다. 전화는 멀리 있는 누군가와 대화를 나누거나 연락을 취하기 위해서가 아니라, 음악을 듣거나 뉴스를 전달받는 기계로 사용되었다. 연락을 취하는 수단으로는 전신이나 전보가 이미 널리 이용되고 있었고, 전화를 통해 멀리 있는 상대와 이야기를 나눈다는 것 자체가 생소해서 편리하다는 느낌을 주지 못했기 때문이다. 20세기 초반, 뉴욕 중심가 곳곳에 공중 전화 부스가 설치되었다. 그러나 누군가에게 전화를 걸기 위한 장소가 아니라 동전을 넣고 공중 전화로 음악을 듣거나 최신 뉴스를 듣는, '종합 콘텐츠 서비스'를 위한 부스였다.

당시 유럽에서 가장 번화한 도시 가운데 하나였던 헝가리의 부다페스트에서는 '텔레폰 히르몬도'라는 전화 프로그램 서비스가 큰 화제였다. 정해진 시간에 수화기를 들면 정시 뉴스를 포함해 주식 시장 정보, 스포츠 중계, 강연회, 리사이틀의 생음악 등 다양한 콘텐츠를 들려주는 서비스였다. 즉, 전화로 청취하는 종합 콘텐츠 채널이었다. 주 고객은 호

전화는 발명 직후에는 '소리를 재생하는 기계'로 알려졌다.
1881년 파리에서 열린 전기 박람회에서는 '전화 콘서트홀'이 인기를 끌었다.
사람들은 벽에 설치된 한 쌍의 수화기를 두 귀에 대고,
스테레오 사운드로 콘서트 현장에서 들려오는 생음악을 들었다.

'텔레폰 히르몬도'는 최신 뉴스와 음악을 시간대별로 편성해서 들려주는 전화 서비스였다.
지금의 라디오 프로그램의 원형이라고도 할 수 있다. 최신 뉴스를 읽고 있는
뉴스룸의 풍경과 생음악을 연주 중인 스튜디오(둘 다 1901년).

텔, 커피하우스, 병원 등 고객에게 특별한 서비스를 제공하는 고급 서비스 업종이었는데, 드물게는 부유한 상류층 가정 구독자도 있었다. 당시 부다페스트의 전화 가입 세대 전체가 텔레폰 히르몬도를 구독했다. 그러나 큰 인기를 누렸던 텔레폰 히르몬도는 제1차 세계 대전 공습 때 심각한 타격을 입고 사업을 접게 된다. 유럽 전역을 휩쓴 전쟁의 포화가 잠잠해졌을 때에는, 이미 라디오가 대중 매체로 보급되기 시작한 뒤였다. 이후 텔레폰 히르몬도 같은 전화 콘텐츠 서비스가 다시 인기를 끄는 일은 없었지만, 그 편성 방식은 나중에 라디오 프로그램으로 계승되었다.

　이제 전화는 일상적인 연락 수단이 되었다. 하지만 처음 전화가 도입되었을 때에는 일상적인 용도로 통신 수단을 사용한다는 발상 자체가 없었다. 통신은 아주 급한 일이 있을 때에만 이용하는 긴급한 연락 수단이었다. 지금처럼 친구 사이의 시시콜콜한 잡담이나 연인 사이의

밀담을 위해 다양한 통신 수단이 사용되기까지는 반세기 이상 시간이 걸렸다.

무선 소년과 쌍방향 라디오

전화가 지금의 라디오 같은 종합 콘텐츠 채널 역할을 하던 시기, 라디오의 원형인 무선 통신 기술도 빠르게 발전하고 있었다. 지금은 방송국을 떠올리는 사람이 많겠지만, 라디오라는 말은 원래 무선 전파를 이용한 통신 기술을 의미한다.

무선 통신이 대중적으로 알려지기 시작한 것은 전화보다 약간 늦은 1900년대 초반이었다. 당시의 전화가 지금 모습과 다른 것처럼, 초창기 무선 통신도 지금 우리가 생각하는 라디오 방송과는 판이하게 달랐다. 우선 시중에서 라디오를 팔지 않았고 라디오 방송국 또한 당연히 없었다. 개인이 스스로 전기 부품을 조립해서 무선 장치를 만들었고, 여기저기 전파를 날리거나 누군가와 통신을 시도해 보는 정도가 전부였다. 즉, 당시의 무선 통신은 일종의 취미 활동이었다.

무선 통신 취미의 주역은 젊은 남성들이었다. 무선 장치를 직접 만들고 전파를 송수신하는 취미를 가진 젊은이들을 칭하는 '무선 소년'radio boys, wireless boys이라는 말도 유행했다. 당시는 천문학 지식이 급속도로 발전하면서, 우주 여행이나 외계인과의 교신 가능성에 대한 호기심이 커지던 시기였다. 소년들은 자신이 쏘아 올리는 전파로 화성인과 교신할 수 있

20세기 초반 '무선 소년'의 활약상을 다룬 청소년 소설이 큰 인기를 끌었다.
무선 장치를 통해 외계인과 교신하거나 미지의 세계에서 겪는
모험 이야기가 소설의 단골 에피소드였다.

을지도 모른다는 희망을 품고, 밤마다 뒤뜰 차고에 틀어박혀 무선 통신
기구를 만드는 데에 몰두했다.

무선 소년들의 최대 목표는 가능한 한 멀리 있는 누군가와 전파를
주고받는 것이었다. 처음에는 고작해야 '뚜뚜뚜' 모스 부호를 주고받을
뿐이었지만, 점차 전파에 목소리를 실어 보낼 수도 있게 되었다. 때로는
전파를 수신한 누군가로부터 진지한 답변을 수신하는 경우도 있었는데,
무선 소년들에겐 그보다 더 신나는 일이 없었다. 얼굴은 모르지만 무선
통신을 통해 친구가 생기고, 그들과 음악을 함께 듣거나 이야기를 나눌
수 있게 된 것이다.

무선 전파에 좋아하는 음악을 실어 보내거나 원고를 작성해 폼 잡

고 읽어 보기도 했다. 시간대를 정해 놓고 통신을 하면 일정한 통신 상대를 찾기도 쉬웠고 통신 내용에 대한 아이디어도 내기 쉬웠다. 다양한 콘텐츠를 정해진 시간대에 송신하는 무선 방송의 풀뿌리 형태가 등장하기 시작한 것이다. 전문적으로 프로그램을 제작, 편성하는 전문 채널도 점차로 생겨났지만, 대부분의 라디오 방송은 열정적인 무선 통신 마니아들에 의해 운영되는 아마추어 채널이었다.

아마추어 라디오 방송국은 이후 활동 영역을 제한하는 정책과 규제가 연이어 도입되면서 서서히 힘을 잃어 갔다. 국가의 허락을 받은 전문 방송국이 아니면 라디오 채널을 운영할 수 없게 된 것이다. 트랜지스터형 라디오가 대량 생산되는 상황도 무선 통신 마니아로서는 김빠지는 일이었다. 트랜지스터형 라디오는 가게에서 누구나 손쉽게 살 수 있었다. 무선 통신 애호가들에게는 안타까운 일이었지만, 바야흐로 무선 통신이 라디오라는 '매스 미디어'로 대중 속으로 침투하기 시작했다.

역사적으로 볼 때, 전화와 라디오의 운명은 뒤바뀌었다. 초창기 전화는 지금의 라디오처럼 여러 사람에게 음악이나 뉴스를 들려주는 매스 미디어이자 오락성이 강한 정보 전달 수단이었다. 전화가 개인적인 연락 수단으로 사용되는 지금은 상상하기 어려운 모습이다. 한편 초창기 라디오는 어떠했는가? 지금은 라디오 하면 음악이나 뉴스를 청취하는 매스 미디어를 떠올리기 마련이지만, 초창기의 라디오는 개인과 개인이 서로 연락을 주고받는 통신 수단이었으니 오히려 지금의 전화에 가까웠다. 수많은 아마추어들에 의해 제작, 운영되고 송신자와 수신자 사이에 친밀한 의사 소통을 가능케 했던 초창기 라디오는 지금의 인터넷 같은 쌍방향 참여 미디어로서 한 시대를 풍미했다.

전화와 라디오의 뒤바뀐 운명에서 알 수 있듯, 미디어가 세상에서 실현되어 가는 방식은 역동적이다. 과학 기술의 발전이 사회에 큰 변화를 가져오기도 하고, 사회 움직임이 과학 기술의 방향을 완전히 뒤바꾸기도 한다. 이어서 살펴볼 타이타닉호 침몰 사건을 둘러싼 무선 논쟁은, 사회 움직임이 과학 기술의 방향을 바꾼 전형적인 사례이다.

타이타닉호 침몰 사건과 무선 소년의 꺾여 버린 꿈

1912년 4월 15일 새벽 4시, 여객선 카르파티아호가 북대서양 뉴펀들랜드에서 수백 킬로미터 떨어진 조난 현장에 도착했다. 첨단 과학 기술로 무장했으며 세계에서 가장 크고 사치스러웠던 타이타닉호의 사고 현장은 처참했다. 얼음이 떠다니는 차가운 바닷물에 빠진 조난자들은 이미 대부분 목숨을 잃은 뒤였고, 그나마 운 좋게 구명 보트에 몸을 실은 수백 명은 극도의 긴장과 정신적 피로로 인해 탈진한 상태였다. 이 배는 5일전, 승객 2,000여 명을 태우고 영국 사우스햄튼을 출발했다. 꿈의 땅 뉴욕에 도착하기까지 하루를 남겨 둔 날 밤, 빙산과 충돌하며 선체가 완전히 침몰하는 큰 사고를 당했다.

카르파티아호에 조난 소식을 알린 것은 타이타닉호의 무선 통신이었다. 구조를 요청하는 신호가 발신된 시각은 4월 15일 0시 15분. 빙산과 충돌하고 삼십 분쯤 지났을 때였다. 당시 카르파티아호는 사고 현장에서

최악의 해상 사고로 기록되는 타이타닉호의 침몰 현장을 그린 그림.
700명이 구조되었으나 두 배가 넘는 1,500명 이상이 목숨을 잃었다.

100킬로미터 이상 떨어진 먼 바다를 항해 중이었으나, 구조 신호를 받고 방향을 선회해 전속력으로 사고 현장으로 향했다. 한밤중에 카르파티아호의 무선 수신기가 정상으로 작동하고 있었던 것은 불행 중 다행이었다. 사고 현장에서 불과 30킬로미터쯤 떨어진 곳에 있었던 선박은 통신 담당이 잠에 빠져 있어서 구조 신호를 수신하지 못했다.

타이타닉호의 무선 통신 시스템은 1,000킬로미터가 넘는 곳까지 신호를 보낼 수 있는 최첨단 장비였다. 날씨, 해류의 움직임 등 항해에 필요한 정보를 전하는 경우도 간혹 있었지만, 그보다는 비싼 승선료를 낸 승객들이 본토와 불편 없이 연락을 취할 수 있도록 준비한 서비스였다. 타이타닉호에는 무선 장비 제조사인 마르코니 컴퍼니에서 파견된 통신사 두 명이 승선해 있었다. 이 두 명의 통신사가 망망대해에서 발생한 조난 사고를 세상에 알려 수백 명의 목숨을 구했다. 주 통신사였던 존 필립은 배가 침몰하기 직전까지 구조 신호를 보내다 목숨을 잃었다. 보조였던 헤럴드 브라이드는 운 좋게 목숨을 건졌을 뿐 아니라, '타이타닉호 영웅' 으로 신문 지면을 장식하는 행운을 누렸다.

무선 통신 덕분에 신속한 구조 작업이 가능했지만, 가까운 해상을 운항 중이던 다른 선박이 무선 신호를 수신하지 못한 이유에 대한 지적도 있었다. 또 "빙산이 있으니 조심하라."라는 경고 무선이 인근 해상에 수차례 전달되었는데도 타이타닉호가 빙산 지역으로 진입한 사실도 문제점으로 제기되었다. 해상 안전을 위한 무선 통신 가이드라인이 필요하다는 여론이 급속하게 달아오른 것이다. 얼마 뒤 미국에서는 항해 중인 모든 선박에 무선 통신 설비를 갖추고 통신 전담 기사를 둘 것을 의무화한 '무선에 관련한 1912년 조례'가 제정되었다.

한편 타이타닉호 사고는 무선 소년들의 장난스러운 취미 활동으로 인식되던 무선 통신이 위기 상황에 긴급히 연락을 취하는 수단이 될 수 있다는 사실을 깨닫는 계기가 됐다. 카르파티아호는 구조 신호를 수신하자마자 무선 전파를 통해 재빨리 본토에 사고 상황을 알렸다. 이 전파를 아마추어 무선 활동가들이 가장 빨리 포착하였고, 자발적이고 신속하게 움직여서 사고 현장에 대한 정보를 본토에 알려나갔다. 카르파티아호가 구조한 사람들을 싣고 뉴욕으로 향하는 이틀 동안의 상황은, 아마추어 무선 활동가들의 자발적인 통신 활동을 통해 뉴욕 본토에 있는 언론사에 상세하게 전달되었다. 그런데 의도적이었는지는 알 수 없으나 개중에는 잘못된 정보가 있었다. 사고 직후 일부 신문에서 "타이타닉호에 탔던 사람들이 모두 무사히 구조되었다."라고 기사를 냈는데, 아마추어 무선 활동가들을 통해 잘못 알려진 정보였다.

당시 아마추어 통신 활동가들의 취미 활동은 국가의 은근한 압박을 받고 있었다. 군사 전략적으로 방해가 될 수 있다는 이유에서였다. 그러나 아마추어 무선 애호가들은 어디까지나 취미 활동을 할 뿐 사회에 직접적인 피해를 가하지 않았기 때문에 국가에서 드러내 놓고 규제할 명분이 없었다. 그런 와중에 타이타닉호 침몰 사고가 터졌고, 무선 통신의 사회적 역할에 대한 논쟁이 불거진 것이다.

타이타닉호 침몰 사건은 아마추어 무선 통신 활동을 규제할 좋은 명분이었다. 아마추어 무선의 '폐해'를 막기 위해 통신가들의 자유를 적절하게 제한해야 한다는 제안이 설득력을 얻었다. 앞서 소개한 '무선에 관

THRILLING TALE BY TITANIC

Bride Tells How He
Dealt with a Stoker V
---Titanic's Band Pla

Jack" Phillips, Chief Wireless Operator on the Titanic, Who Was Lost in the Wreck.

Harold Bride, Surviving Wireless Operator on the Titanic.

무선 통신사 해럴드 브라이드는
'타이타닉호의 영웅'으로 신문에 소개되었다.

런한 1912년 조례'에는, 아마추어 무선 통신에 대한 결정적인 규제 조치가 포함되어 있었다. 우선 '면허제'를 도입해 개인적인 취미라고 할지라도 국가의 허가를 받은 뒤에야 무선 통신을 할 수 있게 했다. 또한 면허를 취득했다고 하더라도, 아마추어 통신사는 1.5Mhz 이하의 저급한 대역만을 사용할 수 있게 해 활동 범위를 제한했다. 취미나 사적인 통신 수단에 불과했던 무선 통신의 사회적 역할을 깨닫자마자 아마추어의 자유로운 통신 행위에 대한 노골적인 규제도 함께 시작된 것이다. 무선 통신은 '누구나 자유롭게 참여할 수 있는 쌍방향 미디어'로서의 운명을 포기할 수밖에 없었다. 대신 방송국에서 만든 프로그램이 전파를 타는 전문 라디오가 대중적인 인기를 끌게 되었다. 바야흐로 누구나 라디오를 듣고 즐길 수 있는 '라디오 시대'가 개막된 것이다.

너무 진짜 같아서 문제가 된 라디오 드라마

1938년 10월 30일 오후 9시, 미국 CBS 라디오 채널에서 인기몰이 중이던 라디오 시리즈 '머큐리 극장'에서 핼러윈 특집 드라마로 「세계 전쟁」을 방송했다. 인상적인 첫 장면은 주연뿐 아니라 각색과 감독까지 맡은 연기파 배우 오슨 웰스의 음산한 목소리로 시작되었다.

갑작스럽게 날아든 뉴스 속보로 라디오 인기 프로그램인 클래식 콘서트가 중단된다. 아나운서가 긴급한 말투로 "화성에서 폭발 현상이 인지되었다."라고 말하며 수상쩍은 일이 일어날지 모른다는 분위기를 풍긴다. 콘서트는 곧 재개되지만 얼마 되지 않아 날아든 뉴스 속보로 또 한

「세계 전쟁」을 방송 중인 미국 CBS 라디오 스튜디오의 모습.
왼쪽에서 두 손을 높이 쳐들고 있는 사람이 제작자이자 감독인 오슨 웰스이다.
녹음 매체가 없었으므로 당시의 라디오 드라마는 생방송으로 진행되었다.
감독은 현장에서 성우와 오케스트라에게 신호를 주는 지휘자 역할을 했다.

차례 중단된다. 이번에는 화성에서 폭발 현상이 일어난 이후 우주선으로 보이는 괴비행체가 뉴저지 주에서 목격되었다는 소식이다. 라디오를 통해 전달되는 속보 내용은 점차 심각해져서, 사람들이 정체를 알 수 없는 괴생물체에게 공격당했다는 소식도 전해진다. 처음에 화성 외계인의 존재를 부인했던 천문학자는 당황하고, 시민들은 물론이며 라디오 방송국도 큰 혼란에 빠진다.

　이 드라마는 화성인의 지구 침공을 다룬 조지 오웰의 공상 과학 소설을 각색한 것이었는데, 듣는 사람이 진짜라고 착각할 정도로 실감 났다. 문제는 이 드라마가 지나치게 진짜 같았다는 점이다. 청취자들은 화성인의 지구 침공을 실제 상황으로 생각하고 심하게 동요했다. 드라마가

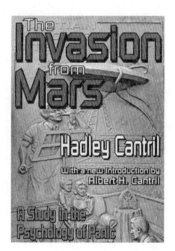

왼쪽 "청취자들, 드라마를 실세로 받아늘이고 패닉에 빠지다."
라디오 드라마로 패닉에 빠진 사람들에 대해 보도한 신문 기사.
오른쪽 라디오 드라마의 사회·심리적 영향에 대해 조사한
해들리 캔트릴의 책 『화성으로부터의 침공』(1940년).

방송되는 동안, 사실 여부를 확인하는 전화로 방송국뿐 아니라 신문사며 경찰서 전화가 마비될 지경이었다. 드라마가 클라이맥스로 치달으면서 청취자들의 마음은 더욱 급해졌다. 어떤 사람들은 외출 중인 가족을 찾기 위해 시가지로 뛰쳐나갔고, 어떤 사람들은 짐을 꾸려서 피난길에 올랐다. 이후 조사 결과를 보면, 청취자 40퍼센트가 이 드라마를 '진짜'라고 실제로 믿었거나, 혹은 잠깐 동안이라도 '진짜일지도 모른다'고 우려했다고 한다.

라디오 드라마가 나간 다음 날, 대다수 신문에 "라디오로 인한 대대적인 촌극"이 머리기사로 올랐다. 오슨 웰스는 "지나치게 진짜 같은 핼러윈 특집 드라마를 만든 것"에 대해 정중하게 사과해야만 했다. 방송 직전에는 "조지 오웰의 소설을 각색한 내용"임을, 말미에는 "핼러윈 특집으로 특별히 준비한 프로그램"임을 분명하게 밝혔는데도 말이다. 모처럼 재미있는 기획을 준비했던 웰스로서는 억울한 면도 없지 않았을 것이다.

왜 사람들은 「세계 전쟁」이라는 라디오 드라마에 이토록 심각하게 반응했던 것일까? 당시 국제 정세의 불안한 긴장 상황을 무시할 수 없다. 독일에서 정권을 잡은 히틀러의 국수적이고 호전적인 발언이 이어지면서 전쟁 발발에 대한 위기감이 나날이 높아지고 있었다. 당장이라도 전쟁이 일어날 듯한 위태로운 뉴스를 매일같이 접하면서, 사람들은 갑작스러운 침략에 대한 막연한 불안감과 공포를 가지고 있었을 것이다. 이날 피난을 가려고 했던 일부 사람들은 화성이 아니라 독일이 침공한 줄 알았다고 증언하기도 했다.

텔레비전이 아직 일반 가정에 보급되지 않은 시기, 라디오는 가장 영

향력이 큰 미디어였다. 사람들은 라디오 뉴스를 통해 세상 돌아가는 소식을 알고, 저녁식사를 마친 뒤 온 가족이 거실에 모여 앉아 함께 라디오 드라마를 들었다. 글자의 뜻을 새기면서 읽어야 하는 신문과는 달리, 생생한 육성을 통해 소식을 전해 주는 라디오는 신속하고 박진감이 있었고, 지금까지 경험한 적이 없는 새로운 오락이었다. 당장이라도 전쟁이 터질지도 모른다는 불안한 시대를 살던 사람들이 라디오에서 흘러나오는 배우의 생생한 목소리로 이야기를 들었을 때 혼란에 빠진 것도 당연한 일이었다.

'벽난로 담소'와 라디오 정치

미디어의 영향력은 곧 권력을 의미한다. 미디어의 영향력을 십분 활용해 정치적인 메시지를 전달하는 '미디어 정치'는 1930년대 라디오 시대부터 시작되었다.

1930년대에 미국 대통령을 지낸 루스벨트는 라디오 담화를 통해 국민들과 소통한 지도자로 유명하다. 그는 미국 경제가 대공황의 충격에서 미처 벗어나지 못했을 때에 대통령으로 선출되어, 대규모 국책 사업을 벌여 고용을 창출하고 경기를 호전시키는 '뉴딜 정책'을 펼쳤다. 지금은 경제를 부흥하는 방법으로 정부가 경제 문제에 적극적으로 개입하는 것이 당연시되고 있으나, 당시만 해도 자본주의에 반하는 월권 행위라고 생각되었다. 뉴딜 정책에 대한 시장과 국민들의 반감은 의외로 강했다. 루스벨트는 스스로 라디오 중계 마이크를 잡고, 경제 정책에 대해 설명하고 해명하는 적극적인 소통 전략을 펼쳤다.

그는 재임 중인 1933년부터 1944년에 이르는 11년 동안 중요한 이슈가 있을 때마다 라디오 담화를 통해 정책의 필요성을 설명하고 지지를 호소했다. 딱딱하고 형식적인 정치가들의 연설과 달리, 그의 목소리는 친근했고 부드러웠다. "좋은 저녁입니다, 친구들."Good evening, friends 이라는 인사말로 시작하는 대통령의 담화는, 뉴스나 드라마보다도 청취율이 높은 인기 프로그램이었다. 당시 미국 가정에서 라디오는 지금의 텔레비전 같은, 거실의 중심적인 존재였다. 거실 중앙의 벽난로 위에는 라디오가 놓여 있었고, 가족들은 벽난로에 둘러앉아 라디오를 들었다. 대통령의 라디오 담화는 친근한 사람과 도란도란 얘기를 나누는 듯하다는 뜻에서 '벽난로 담소'라는 애칭이 붙었다. **루스벨트는 육성을 통한 커뮤니케이션의 장점을 누구보다 잘 알고 있었고, 라디오를 통해 친근하고 부드러운 이미지로 대중에게 다가가는 데에 성공했다.**

독일에서 나치당을 이끌던 히틀러도 라디오를 적극 이용한 정치인이었다. 히틀러는 목소리에 힘이 있었고, 유머 감각도 풍부한 달변가였다고 전해진다. 웅변을 통한 선동에 재주가 있었고, 특히 라디오 연설에 능했다. 히틀러의 오른팔이자 나치당의 선전·홍보 전략을 담당하던 괴벨스는 라디오를 저렴한 가격에 전국적으로 보급하는 정책을 적극 추진했는데, 라디오를 통해서 히틀러의 사상과 생각을 효과적으로 선전할 수 있다고 생각했기 때문이다. 독일의 민중들은 라디오를 사랑했고, 라디오를 통해 전달되는 히틀러의 사상과 나치당의 정책을 신뢰하고 지지했다.

라디오 스튜디오에서 마이크 앞에 앉아 있는 루스벨트 대통령.
그는 어렸을 때 앓은 소아마비로 걷지 못하는 몸이었지만,
목소리가 좋았고 연설에 능했다.

독일의 히틀러는 라디오를 선전 미디어로 활용해 나치당에 대한 독일 국민의 전폭적인 지지를 얻어 내고, 유대인 학살을 실행에 옮기고, 세계 대전을 일으키기 위한 명분을 확보했다. 한편 미국의 루스벨트는 '벽난로 담소'를 하는 부드러운 이미지, 대공황의 경제 위기에서 미국을 구해 낸 민중의 벗이라는 이미지가 강하지만, 실제로는 무기 판매를 옹호하고 미국의 세계 전쟁 참전을 적극 주장하는 호전적인 정책을 펼쳤다. 미국 국민들은 결과적으로 라디오 연설 속의 온건하고 합리적인 루스벨트 대통령을 지지함으로써, 전쟁을 옹호하는 강성 정책을 용인한 셈이다. 현대 정치 권력이 '정치가는 정책이 아니라 이미지'라는 불건전한 미디어 전략에 눈을 뜬 순간이었다.

우리나라 라디오의 험난했던 유년기

우리나라에 라디오 기술이 처음 도입된 것은 1910년대의 일로 미국, 일본, 독일 등에 비해 결코 늦었다고 할 수는 없었다. 하지만 일본 식민지 정권이 일방적으로 추진한 근대화 과정이었던 탓에 초기에 싹튼 라디오 기술에 대한 민중들의 호기심은 억압당했다. 서구나 일본에서처럼 아마추어 활동가들의 자발적인 취미 활동에서 시작해서 점차로 방송국 형태를 갖추어 가는 일은 있을 수 없었다. 라디오 기술이 도입된 시기는 일부 유럽이나 아시아의 다른 지역에 비해 빨랐지만, 라디오의 역할에 대한 사회적인 합의가 이루어지기까지 오랜 진통을 겪어야 했다.

1915년, 조선 총독부 산하 체신부 직원들이 당시 서울에서 가장 번화했던 서울 본정거리^{지금의 충무로} 입구에 있던 미츠코시 백화점^{지금의 신세계 백화점 자리} 3층에서 무선 전파를 수신하는 실험에 성공했다. 전파라는 게 눈에 보이지도 않아서 대단한 구경거리도 아니었을 텐데, 구경 인파로 성시를 이루었다고 한다. 나팔처럼 생긴 괴이한 모양의 전기 확성기에서 인사말과 음악 소리가 흘러나오자 백화점 고객과 지나가던 사람들이 깜짝 놀랐다고 한다. 바다 너머 수백 킬로미터 떨어진 곳에서 쏜 전파를 받아 소리를 낸다니, 당시에는 투명 인간만큼이나 신기한 일이었다. 하지만 미국이나 일본의 '무선 소년'처럼 라디오 장치를 마음껏 갖고 놀 수 있는 상황은 아니었다. 확성기가 달린 수신기는 매우 값비싼 귀중품이었고, 수신기를 구입하는 사람은 일본 경찰의 사찰 대상이 되기 십상이었다.

우리나라 최초의 공개 라디오 방송은 1925년에 이루어졌다. 조선일보는 무선 통신을 이용한 미디어 사업의 가능성을 일찌감치 감지했고, 당대의 명창과 국악 연주자의 소리를 무선 전파에 실어 내보내는 최초의 실험에 성공했다. 당시 공식적으로 집계된 라디오 수신기 대수는 다섯 대밖에 없었다고 하나, 일설에 따르면 공개방송을 청취한 사람들이 수천 명에 달했다고 한다. 수면 위로 드러나지는 않았지만, 무선 수신기를 직접 조립하는 마니아들이 상당수 있었다고 추정할 수 있다. 이후 조선일보를 중심으로 방송 사업을 벌이고자 하는 11개 단체가 단합해서 방송 사업 허가를 신청했다. 하지만 "일본 방송 협회 승낙 없이 사업 허가는 불가능" 하다는 총독부의 방침에 좌절되고 만다.

1927년 일본 총독부의 주도로, 본격적인 라디오 방송국인 경성방송국JODK이 설립되었다. 한국어와 일본어를 섞어서 방송했으며, 경성방송국 직원 50명 가운데 한국인은 단 5명뿐이었다. 청취자는 한국인이 많았지만, 프로그램은 한반도에 이주해서 사는 일본인을 위해 제작되었다. 사정이 이러니 청취자는 좀처럼 늘지 않았고, 청취료도 잘 걷히지 않았다. 1930년대 중반 이후 경성방송국은 경영난을 극복하기 위해 일본어 채널과는 별도로 한국어 채널을 만들고 청취료를 인하하는 조치를 취했다. 이때부터 라디오 청취자가 순조롭게 증가하기 시작했다. 비로소 한국 민중들 속으로 라디오가 파고들 수 있게 된 것이다.

라디오의 단골 인기 프로그램은 국악, 양악을 들려주는 음악 방송이나 드라마 등 소위 '연예 프로그램'이었다. 보도 프로그램은 총독부의 심한 검열을 통과해야 했으므로 제작하기 까다로웠고 인기도 없었다. 연예 프로그램이라고 해도 지금과 같이 전문 가수나 연예인이 있던 시대가 아니어서 장안의 유명한 기생들을 찾아 다니며 라디오에 출연해서 노래 한 곡 불러 달라고 사정해야 했다. 처음에는 기생들 사이에 마이크로 노래를 부르면 수명이 줄어든다는 괴담이 돌아 라디오 출연을 고사하기 일쑤였다. 그런데 일단 한 번 출연하고 나니 기생집을 찾는 손님들 사이에서 인기가 높아졌다. 그 이후로는 기생들이 앞다투어 라디오에 출연하고 싶어 했다고 한다.

일본이 태평양 전쟁을 일으키면서 라디오는 검열 대상 1순위가 되었다. 한국어 채널에 대해 대대적인 제재가 가해지고, 그나마 인기 있던 오락, 연예 프로그램도 크게 위축되었다. 일제에서 해방된 뒤 잠시 빛을 보는가 싶었지만, 10년도 지나지 않아 6.25전쟁이 나고 군사 정권이 들어서면서 우리나라 라디오는 험난한 유년기를 보내야 했다. 북한군에게 서울이 점령되면서 방송국도 피난을 가지 않으면 안 될 처지가 되었다. 서울의 중앙 방송국은 남하하던 전선과 함께 대전 대구, 부산 등지로 이전해서 전시 방송을 계속했다. 1953년 서울이 수복되면서 중앙 방송국도 돌아왔지만, 원래 있었던 시설과 기재가 모두 파괴되어 버린 상태였다. 이후 제대로 된 방송 시설이 다시 만들어질 때까지 몇 년 동안 임시 스튜디오에서 라디오 방송을 했어야 했다.

우리나라에 라디오 전성기가 도래한 것은 1960년대 일이다. 미국이나 독일에 비해서 30년 가까이 늦은 셈인데, 일제에 의한 '위로부터의 기술 보급'의 한계였다고 할 수 있다. 1960년대에 국산 트랜지스터 라디오가 보급되면서 전국 수신기 수가 100만 대를 넘어서고, 도시 시골 가릴 것 없이 누구나 라디오 프로그램을 즐겨 들었다. 당시 라디오 방송국은 공보처 소속이어서, 방송 프로그램의 목표는 반공 의식을 고취하고 정부 정책을 통해 홍보하는 것이었다. 정부가 나서서 라디오 보급률이 낮은 마을에 확성기를 설치해 주고 라디오 청취를 적극 권장했다. 시대적 맥락은 다르다고 해도 미국의 루즈벨트 대통령이나 독일의 히틀러 총통이 했던 것처럼, 우리나라에서도 라디오를 정치적 선전 수단으로 적극 활용하던 시절이 있었던 것이다.

하지만 라디오가 일방적으로 권력의 홍보 수단으로만 쓰였던 것은 아니다. 우리나라 반독재 시민운동 역사에서 4.19 혁명은 중요한 의미를 지닌다. 4.19 혁명 때 반독재 시위 현장의 함성과 시민을 향해 발포된 총성이 라디오 뉴스를 통해 전국에 흘러 나갔고, 대규모 시위의 촉발제가 되었다. 4.19 혁명 이후 스스로 대통령직을 내놓겠다고 발표한 이승만 전 대통령의 목소리도 라디오를 통해 시민들에게 전달되었다.

당시 라디오의 인기 프로그램이라 하면 뭐니 뭐니 해도 연속극이었다. 처음에는 고전 작품이나 소설을 낭독하는 것에서 시작했지만 점차로 연극, 연기적 요소가 더해지면서 큰 인기를 끌었다. 1956년에 방송된 드라마 「청실 홍실」이 인기를 끈 뒤에는 수많은 라디오 연속극이 전파를 탔고 많은 사랑을 받았다. 이 시기에 전파를 탄 라디오 드라마가 거의 모두 영화화될 정도였고, 라디오 드라마의 성우가 영화에서 주연을 맡으면서 유명 배우로 일약 발돋움하는 경우도 많았다. 그야말로 '목소리에 죽고, 목소리에 사는' 소리 미디어의 전성 시대였던 것이다.

모바일 시대의 소리 미디어, '팟 캐스트'

'지금은 라디오 시대'라는 라디오 프로그램의 제목이 어딘가 정겹고 그리운 느낌을 주는 것은, 지금은 '라디오 시대'가 아니기 때문일 것이다. 영화와 텔레비전 같은 시각 미디어가 대중 미디어의 주역이 된 이후, 매스 미디어로서 라디오의 역할은 점점 줄어들었다. 전 국민이 라디오 드라마에 울고 웃던 시절, 라디오를 통해 정치인의 연설에 귀를 기울이던 시절은 이제 지나간 것이다. 다채로운 색깔과 화려한 영상으로 대중을 매료하는 영화나 텔레비전에 비해, 음악이나 목소리만 전달하는 라디오가 소박하게 느껴지는 것도 사실이다. 하지만 그렇다고 소리를 매개하는 미디어 문화가 완전히 비주류가 된 것은 아니다. 사람들의 청각에만 호소하는 소리 미디어의 담백함이 오히려 장점이 되는 경우가 있다. 라디오를 들으면서 부담 없이 운전을 할 수도 있고, 음악을 들으면서 공부를 하거나 일하는 것도 가능하다.

소리 미디어는 다른 일을 하면서 부담 없이 즐길 수 있다는 점에서 이동이 많은 현대 생활 방식과 잘 맞는다. 실제로 많은 사람들이 운전을 하면서, 지하철이나 버스에서, 길을 걸으면서 라디오를 듣거나 음악을 즐긴다. **인터넷을 통해 목소리나 음악 콘텐츠를 제공하는 인터넷 라디오 '팟 캐스트'는 모바일 시대의 생활 방식과 찰떡 궁합인 소리 미디어라고 할 수 있다.** 수많은 인터넷 사용자들의 목소리와 취향을 담고 있는 만큼, 인터넷 라디오 채널은 다양하고 다채롭다. 좋아하는 취향의 음악만 나오는 전문 채널이 있는가 하면, 신랄한 정치 풍자로 장안에 화제가 되는 토크 쇼 채널도 있고, 배꼽 쥐는 농담을 줄줄이 늘어 놓는 개그 채널도 있다.

인터넷 라디오 '팟 캐스트'는, 음악이나 음성을 주요한 내용으로 전달한다는 면에서는 라디오 방송국 채널과 비슷하다. 하지만 프로나 아마추어 가리지 않고 누구나 참여할 수 있고 스스로의 채널을 만들 수 있다는 점에서는, 1920년대 초창기 아마추어 라디오 애호가들의 문화와 더 비슷하다고 할 수 있다. 그리고 휴대폰이나 음악 플레이어에 손쉽게 다운로드 받을 수 있으므로 이동하거나 다른 일을 하면서 즐길 수도 있다. 바쁜 현대인의 일상생활 속으로 부담 없이 파고들 수 있다는, 소리 미디어만의 매력을 한껏 뽐내고 있는 셈이다.

울지 않는 꾀꼬리

라디오 방송 초창기에는 모든 프로그램이 생방송이었다. 소리를 전파에
흘려 보내는 기술은 있었지만, 녹음·보존하는 기술은 없었기 때문이다.
초기에는 생생한 소리를 생방송으로 내보내기 위해 별의별 기발한 방법이
다 동원되었다.

경성방송국 개국 초기 때였다. 1928년 1월 1일, 새해 특집 방송으로
꾀꼬리의 옥구슬 같은 울음 소리를 전파에 싣자는 기발한 제안이 있었다.
꾀꼬리는 아침에 우는 습성이 있으므로, 주변을 어둡게 했다가 서서히
조명을 켜서 마치 날이 밝는 것 같은 환경을 연출하면 새벽으로 착각해
울음소리를 들려줄 거라 생각했던 것이다. 제작진은 섣달 그믐날 꾀꼬리
한 마리를 방송국에 대기시키고, 새장을 두꺼운 담요로 덮어 두었다.
이윽고 새해 첫날, 새장 앞에 마이크가 설치되고 제작진은 담요를 서서히
들어 올려 꾀꼬리에게 새벽이 왔음을 알렸다. 그러나 제작진의 예측은
보기 좋게 빗나갔다. 꾀꼬리는 37분이 지나도록 울지 않았다.
생방송은 대실패였다.

한 해 뒤, 1929년 설날 기획은 지난해의 설욕 편으로 준비되었다.
이번에는 꾀꼬리 여섯 마리를 스튜디오에 대기시켰다. 지난해에는 꾀꼬리를
단 한 마리만 대기시켜 실패했다고 생각한 것이다. 그러나 담요를 들어
올렸을 때 여섯 마리 모두 좀처럼 울지 않았다. 제작진이 마이크 앞에서
갖은 연출을 다했으나, "짹짹." 하고 모깃소리만한 울음소리만 두 번

전파를 탔을 뿐이다. 다음 날 청취자들로부터 새해 방송의 실패를
조롱하는 엽서가 쇄도했다고 한다.

한편 수탉의 울음소리를 라디오 전파에 성공적으로 실어 보냈다는
에피소드도 있다. 이 역시 신년 프로그램이었는데, 직원이 집에서 키우던
수탉을 스튜디오에 후다닥 몰고 들어와 기세 좋게 "꼬끼오" 하고 우는
소리를 전파에 싣는 데 성공한 것이다. 거기까지는 좋았는데, 방송이 성공한
기쁨에 도취된 나머지 수탉을 집으로 돌려보내는 것을 까맣게 잊고 말았다.
나흘 동안이나 수탉을 방송국에 방치한 바람에 수훈을 세운 수탉이
방송국에서 굶어 죽는 비극적 사태가 벌어졌다. 동물의 세계와 생방송의
궁합은 이래저래 좋지 않은 것 같다.

시각 미디어:
복제 이미지와 대중 문화

사진이 진짜를 대신할 수 있을까?

어두운 색 드레스를 입은 아름다운 귀부인이 조용히 이편을 응시하고 있다. 입가에는 은은한 미소를 띠고 있는데, 한참 동안 그림을 들여다보노라면 미소를 띠고 있는 게 아니라 약간 심통이 난 것처럼 보이기도 한다. 또 여인의 얼굴에 눈썹이 없다는 것도 문득 알아차리게 된다. 불가사의한 초상화다. 실제로 미묘한 입가의 표정이나 눈썹이 그려져 있지 않다는 점 등을 둘러싸고 비평가들은 왈가왈부하지만, 그런 알쏭달쏭한 점까지도 이 초상화의 매력이다.

프랑스 파리 루브르 박물관에 전시되어 있는 「모나리자」라는 그림에 대한 설명이다. 내가 루브르 박물관에 가 본 적이 없는데도 이 그림을 잘 알고 있는 이유는 「모나리자」의 사진을 보았기 때문이다. 진품과 똑같은 사진을 본 덕분에 여인의 불가사의한 미소, 초상화 전체를 감싸는 둔탁하고 부드러운 색감, 뒤쪽으로 아스라이 보이는 풍경의 느낌을 잘 알고 있다. 필요하다면 이 그림에 대해 토론을 벌일 수도 있다. 만약 사진 기술이 이 세상에 존재하지 않았다면 불가능했을 일이다. 아무리 유명한 초상화라고 해도 실제로 어떤 그림인지 알 도리가 없었을 것이다. 루브르 박물관에 가 본 누군가한테 "짙은 색 드레스를 입은 아름다운 귀부인을 그린 초상화다. 그런데 귀부인에게는 눈썹이 없다."라는 설명을 듣고 머릿속으로 상상해 볼 수는 있겠지만, 진짜 「모나리자」를 보기 전에는 나의 상상이 맞는지 틀린지조차 알 수 없다.

사진은 시각적 이미지를 실제와 거의 똑같이 복제할 수 있는 기술이

레오나르도 다빈치의 「모나리자(Mona Lisa)」.
많은 관람객들이 「모나리자」를 직접 보기 위해 루브르 박물관을 찾는다.

다. 사진이 없었을 때에는 오로지 눈앞에 실제로 보이는 이미지만을 보고 느낄 수 있었다. 루브르 박물관을 찾아가는 것 말고는 「모나리자」에 대해 알 수 있는 방법이 없고, 루브르 박물관에 간다 해도 「모나리자」를 보고 느낄 수 있는 것은 '상설 전시실 그림 앞에 서 있는 바로 그 순간'일 뿐이다. 그림 앞을 떠나는 순간, 「모나리자」는 오로지 나의 기억 속에 남아 있는 이미지가 될 수밖에 없다.

사진 이전에는 '그림'이 이미지를 복사하는 기술이었다. 주물을 부어 동일한 형상을 만드는 주조술이나 나무나 돌에 각인해서 찍어 내는 판화 등도 있었지만, 이런 기술들은 그림을 그리는 일보다 훨씬 더 복잡한 작업이었기 때문에 일상적으로 활용하기 어려웠다. 하지만 그림 그리기 방법으로도 대상의 이미지를 똑같이 재현하기란 대단히 어렵거나 거의 불가능했다. 반면 사진은 가볍게 셔터를 누르기만 하면 누구나 대상의 이미지를 거의 똑같이 재현해 낼 수 있으니 그야말로 획기적인 기술이었다.

사진의 등장은 단지 이미지를 복제하는 간편한 기술이 생겼다는 것 이상의 큰 변화를 불러왔다. 사진은 '눈으로 본다'라는 행위의 목적과 의미를 근본적으로 바꾸어 놓았다. 사진이 없던 시절에는 「모나리자」 같은 예술 작품은 오직 진품으로서 존재했다. 루브르 박물관에 가지 않는 한 체험할 수 없는 작품이었다. 진짜가 있는 장소에 가지 않으면 볼 수 없었으니 사람들은 '눈으로 본다'라는 체험을 하기 위해 이동을 했다. 하지만 사진 기술이 발달한 지금은, 진짜가 있는 장소에 가지 않아도 진짜—실제로는 진짜와 거의 비슷한 복제 이미지—를 볼 수 있다. 「모나리자」 복제 이미지만 해도 레오나르도 다빈치의 작품집에서, 루브르 박물관 웹

사이트에서, 심지어는 이 책에서도 볼 수 있다.

　시공을 초월한 시각 경험을 가능케 한 사진이 등장하면서 진품의 가치가 사라지는 것이 아닐까 하는 우려도 있었다. 철학자 발터 벤야민은 오직 진짜 예술 작품만이 갖는 분위기를 '아우라'Aura라고 했는데, 사진 기술이 보급되면서 이 '아우라'가 점차 사라져 갈 것이라고 예언했다. 지금 생각해 보면, 벤야민의 예언은 맞다고 할 수도 있고 틀렸다고도 할 수 있다. 루브르 박물관에 가지 않아도 「모나리자」를 체험할 수 있다는 의미에서 진품의 '아우라'가 갖는 의미는 옅어졌다고 할 수 있다. 하지만 「모나리자」의 복제 이미지가 흔한데도, 우리는 진짜를 보기 위해 루브르 박물관을 찾는다. 이미지를 시각적으로 보는 데에 만족하지 않고, 내 눈으로 진품을 느끼고 싶어 하기 때문이다. 그런 측면에서는 진품이 갖는 가치는 여전히 건재할 뿐 아니라, 오히려 복제품이 만연한 상황에서 진품을 추구하는 욕망을 한층 더 불러일으키는 측면도 있다. 나도 언젠가는 루브르 박물관을 찾아가서 진짜 「모나리자」의 아우라를 꼭 느껴 보고 싶다.

화가에게 표현의 자유를 선사한 카메라

역사적으로 볼 때 회화는 시각 이미지를 복제하는 방법이었고, 화가는 시각 이미지를 복제하는 기술자였다. 모든 회화가 시각 이미지를 복제하는 기계적인 기술이었다는 뜻은 아니다. 예컨대 교회나 성당을 장식하는 벽화 등은 단순히 복제된 이미지 이상의 종교적 의미를 지녔고, 또한 벽화에 등장하는 종교적, 신화적 이미지가 현실의 복제였다고 보기는 어렵다. 하지만 손으로 그리는 것 말고는 시각 이미지를 복제할 수 있는 방법이 없었기 때문에 이미지 재현이 그림 그리기의 중요한 목적이었다는 점을 부인할 수는 없다.

19세기에 본격적인 사진 기술이 세상에 소개되기 이전에는 '카메라 옵스큐라'Camera Opscura라는 원시적인 이미지 복제 장치가 있었다. 카메라 옵스큐라는 피사체의 윤곽을 희미하게 포착해서 스크린에 비추었고, 이 윤곽을 종이에 베끼는 방식으로 시각 이미지를 복제할 수 있었다. 피사체의 대충의 윤곽을 필사한 뒤, 수작업으로 정밀하게 묘사하고 채색을 입히는 것은 화가의 창작 활동이었다. 모든 화가가 이런 방식으로 작업하지는 않았지만, 당시에는 이런 작업 방식도 의심할 여지없는 화가의 창작 활동이었다. 우리가 지금 생각하는 화가의 창조적이고 자기 표현적인 예술과는 거리가 있었던 것이다.

피사체의 이미지를 거의 똑같이 쉽게 복제해 내는 카메라가 등장함으로써, '이미지를 시각적으로 재현'하는 화가의 역할도 변화의 계기를 맞는다. 굳이 피사체를 똑같이 '복사'할 필요가 없어졌기 때문이다. 이제 화가

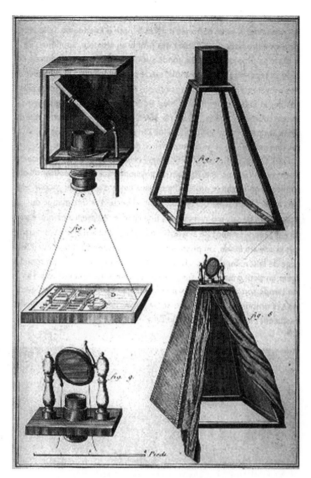

'카메라 옵스큐라'는 암실용 상자가 붙어 있는 제법 큼직한 광학 장치였다.
화가나 지도 제작자의 보조 기구로 활용되었다.

들은 사물의 사실적 이미지를 추구해야 한다는 의무에서 해방되었다. 이 때부터 그림은 화가의 내적인 상상력과 주관적인 감성을 표현하는 수단이 되었고, 추상주의, 초현실주의, 입체주의 등 실제로는 존재할 수 없는 '비현실적인' 이미지를 시각적으로 표현하는 다양한 회화 기법이 모색되기 시작했다. 인류의 표현 행위가 보다 큰 자유를 누릴 수 있게 된 것이다.

"아마추어 사진 전염병"

들고 다닐 수 있을 정도로 작은 크기의 카메라가 거리에 등장한 것은 19세기 중반 이후였다. 당시는 '발명광의 전성기' 빅토리아 시대가 아닌가! 자그마한 목제 암실에 렌즈와 감광판이 달린 카메라는 당시의 기술광들에게는 무척이나 매력적인 장난감이었다. 당연히 카메라가 대유행하게 되었다. 누구나 카메라를 갖고 싶어 했고, 첨단 카메라 기종은 큰 인기를 끌었다. 애호가들은 애장품인 카메라를 들고 거리에 나가서 '사진 찍기'에 몰두했다.

지금은 공공장소나 거리에서 사진을 찍는 일이 그리 특별할 것도 없지만, 당시 사람들에게는 거리에서 사진을 찍어 대는 아마추어 카메라 애호가들의 모습이 이질감을 불러일으켰다. 즐거운 소풍길이나 축하해야 할 결혼식장에서 사진을 찍는 것은 이해한다고 해도, 교통 사고나 길거리 싸움처럼 그다지 아름답지 않은 장면에서도 예외 없이 카메라를 들이대는 행동은 주위의 빈축을 사기 일쑤였다. 신문에는 하루가 멀다

1890년 10월 4일 자 런던에서 발간된 주간지 『펀치』에 게재된 풍자 만화.
'아마추어 사진 전염병'이라는 제목이 달려 있고 아무 데서나 사진을 찍어 대는
열혈 취미를 가진 아마추어 애호가들이 좌충우돌하는 풍경을 풍자적으로 묘사하고 있다.

19세기 아마추어 사진 애호가들 사이에서 '몰래 카메라'가 큰 인기를 끌었다.
왼쪽 회중시계 모양의 소형 카메라 '티카(Ticka)'.
오른쪽 모자 속에 렌즈가 감추어져 있는 몰래 카메라.

하고 사진광들의 무분별한 행동을 조롱하는 칼럼이 실렸다. "아마추어 사진 전염병"이라는 냉소적인 말이 나돌 정도였다.

그러나 카메라광들은 따가운 눈총 따위에 아랑곳하지 않았다. 주변에서 사진 찍는 행위를 불쾌하게 생각한다면, 티가 나지 않게 사진을 찍을 수 있는 장치를 만들면 될 게 아닌가! 이들은 상의, 조끼, 모자, 회중시계 따위에 감쪽같이 숨겨서 사진을 찍을 수 있는 아주 작은 카메라를 고안했다. 주변 사람들 눈에 띄지 않게 셔터를 누를 수 있는 소형 카메라, 이른바 '몰래 카메라'가 등장한 것이다. 이 시기에 유행했던 몰래 카메라들은 지금의 감각으로 봐도 대단히 정교하다. 화질이나 색감은 떨어지지만, 적어도 '들키지 않기 위한' 기능 측면만 보면 21세기에 판매되는 모델과 비교해도 결코 뒤지지 않는다.

선정적인 보도 사진은 '알 권리'인가

몰래 카메라의 대유행에서 알 수 있듯이 사진은 대중들의 '엿보기' 취미를 자극한다. 보통은 기쁜 일, 축하할 만한 일, 아름다운 장면이 눈앞에 펼쳐질 때 사진을 찍지만, 인간에게는 불행한 일, 추한 모습, 잔혹한 장면 등 결코 아름답다고 할 수 없는 이미지를 기록해 놓고 싶어 하는 악취미도 있다.

예컨대 저널리즘의 중요한 수단인 보도 사진은 렌즈에 아름다운 이미지만 담지는 않는다. 때로는 비참하고 잔혹한 이미지를 보여 주며 비합리적이고 비인간적인 현실 문제에 관심을 이끌어 내고 문제를 제기한다. 일반적으로 보도 사진이 세간의 큰 관심을 끌 때는 자연 재앙, 전쟁, 빈곤 등 인류에게 결코 긍정적이지 않은 사건, 사고가 일어났을 때이다. 실제로 최초의 사진 저널리즘이 시작된 곳은 전쟁터였다. 19세기, 식민지를 둘러싼 열강들의 갈등이 깊어지며 전쟁이 빈번했을 때 카메라를 든 기록관이 전략·전술 개발에 필요한 자료를 수집하기 위해 전쟁터에 상주하기 시작했다. 그러다 어느덧 전쟁터의 모습을 생생하게 기록하고 잔혹한 현실을 고발하는 '보도 사진' 성격을 띠게 된 것이다.

1920년대 일본 도쿄를 강타한 대지진 이후, 최첨단 사진 기술과 인쇄술을 사용해 제작된 '재해 그림 엽서'가 불티나게 팔렸다. 이 소동은 사진 저널리즘의 야누스적인 두 얼굴을 잘 보여 준다. 1923년 9월 1일 정오 즈음 일본의 수도 도쿄 지역을 강타한 대지진은 대도시를 순식간에 불바다로 만들었고 무려 14만 명이 목숨을 잃었다. 간토 대지진 이후 조

火中の東京會舘及帝劇　　　（大東京ノシ異害實況）

燒野原と化せる下谷淺草方面　　（東京大震火災之實況）

간토 대지진 직후에 제작, 판매된 그림 엽서이다.
위 화재가 난 도쿄 회관 및 제국 극장.
아래 잿더미로 변한 아사쿠사 모습.

선 사람이 우물에 독을 풀었다는 근거 없는 소문이 퍼져 무고한 조선 사람들이 마구잡이로 학살당하는 참극이 벌어졌을 정도로, 대지진 이후 일본의 민심은 피폐하고 흉흉했다.

재해 그림 엽서는 대지진으로 파괴된 도쿄의 시가지 풍경과 참혹한 사체를 여과 없이 담아 냈고, 지진으로 무슨 일이 일어났는지 알고 싶어 하던 사람들에게 불티나게 팔려 나갔다. 참혹한 장면과 비참한 시체가 그대로 찍힌 사진 이미지는 사람들에게 큰 충격을 주었고, 재해 그림 엽서는 선정성을 지적당해 곧 판매가 금지되었다.

당시에는 지금과 같은 전문화된 언론 기관이나 보도 시스템이 없었다. 내용이 선정적이고 자극적이었다는 측면에서 비판이 있을 수 있지만, 간토 지방에서 무슨 일이 벌어졌는지 알렸다는 의미에서 재해 그림 엽서는 보도 미디어로서 역할을 했다고 할 수 있다. 사진 저널리즘은 시각 이미지를 통한 생생한 보도라는 측면에서는 긍정적이지만, '시민의 알 권리' 보다 대중의 '알고 싶은 욕망'을 부채질한다는 측면에서는 부정적이라는 의견도 만만치 않다.

엄마에게 담배를 권하는 아기

시각 이미지가 큰 역할을 하는 분야로 광고 미디어를 빼놓을 수 없다.
전단지나 포스터, 웹사이트의 배너 광고, 텔레비전 광고 등 시각 이미지를
통해 상품이나 서비스를 선전하는 광고를 쉽게 찾아볼 수 있다.
광고는 사람들의 관심을 쉽게 끌 수 있다는 점에서 효과가 좋은
미디어이지만, 그렇기 때문에 바람직하지 못한 결과를 불러일으키는
경우도 있다.

　1950년대 미국의 담배 회사인 필립 모리스가 대대적으로 전개했던
담배 광고 캠페인은, 시각 이미지를 이용한 광고의 역작용을 보여 주는
대표적인 사례이다. 당시 필립 모리스는 흡연자를
늘리기 위한 광고를 대대적으로 전개하고 있었다.
신제품 '말보로'는 담배 잎을 한 차례 구워서 맛을
순화하고 짙은 색 필터를 도입해서 립스틱이 묻어도
거부감이 들지 않도록 여성을 대상으로 개발한
제품이었다. 필립 모리스는 여성들의 관심을 끌기
위해 아기나 의사 선생님이 등장하는 친근한
이미지의 광고를 만들었다.

　전적으로 광고 때문이라고 단언하기는 어렵다.
하지만 이 광고가 나오면서 미국의 여성 흡연
인구는 크게 늘었다. 필립 모리스 사의 이익은

"20,679명의 전문의가
'덜 자극적'이라고 판단했다."

늘어났을지 모르지만, 사회 전체적으로 보면 건강에 좋지 않은 담배를 피우는 사람이 늘어나는 부정적인 결과를 초래했다. 광고가 상품의 이미지를 과장하거나 오해를 불러일으키지 않는지, 또는 사회적으로 피해를 줄 만한 측면은 없는지 심사하는 것은 이러한 악영향을 최소화하기 위해서다.

왼쪽 "엄마, 나를 야단치기 전에 말보로 한 대 피우시는 게 좋지 않겠어요."
오른쪽 "엄마는 말보로 담배를 좋아할걸요."

서브 컬처가 된 시각 미디어, 만화

만화와 삽화 등 유머와 풍자를 곁들인 그림은 19세기 이후 미디어 기술의 발전과는 무관하게, 강한 문화적 생명력을 자랑하면서 오랫동안 사랑받아 온 시각 미디어이다. 만화나 삽화는 애초에 '실재하는 이미지의 복제'라는 중차대한 임무를 지지 않았다. 현실의 이미지를 우스꽝스럽게 과장하거나 대담하게 생략하는 표현 기법이 일찍부터 허용되었을 뿐 아니라, 그런 개성 있는 표현 방식을 매력으로 보기도 한다.

최근에는 웹툰 등 인터넷을 통해 연재되는 만화가 큰 인기를 끌고 있지만, 표현 방식에서 화가나 순수 미술이 겪었던 것 같은 본질적인 변화가 일어났다고 하기는 어렵다. 만화는 미디어 기술 변화로 인한 영향을 받았다기보다는, 사회적 편견과 만화에 대한 부정적인 시선으로 인한 여론에 시달리면서 발전해 왔다.

1950년대 미국에서는 만화에 등장하는 폭력, 유혈, 자극적인 표현으로 인해 소년 비행이 늘어난다는 여론이 들끓어 올라 '유해 만화 퇴치 운동'이 대대적으로 일어났다. 최고로 인기를 끌던 수많은 만화와 만화 잡지가 유해하다는 부정적 여론에 밀려 순식간에 추방당하는 사태가 벌어진 것이다. 이 시기에 무려 800명 이상의 원작자와 작화가가 갑자기 직장을 잃었고, 만화 출판은 급속도로 위축되었다.

당시 미국은 텔레비전이 소위 지배 계층의 세련된 미디어 문화로서 영향력이 절대적으로 커지고 있을 때였다. 만화는 "인간적으로 미숙하고 사회적인 영향력이 적은" 젊은 층에서 폭발적인 인기를 누리고 있었으나,

「크라임 서스펜스토리」는 매호 네 종류의 범죄에 대한 이야기를 만화로 재구성한 만화 잡지였다. 1950년에 창간되었고 1955년에 '유해 만화'라는 여론에 밀려 폐간될 때까지 총 27호를 출간했다. 만화에 대한 비난 여론이 잠잠해진 뒤 몇 차례 재출간되었고, 텔레비전 드라마의 소재가 되기도 했다.

이와 더불어 만화 내용에 대한 사회적 비난도 점차 고조되어 갔다. 당시 미국에서 인기리에 판매되던 만화 중에는 범죄물이나 호러 등 자극적인 내용이 적지는 않았다. 그런데 '유해 만화'라는 비난을 받고 폐간에 이르렀던 상당수 만화가 나중에 텔레비전 드라마나 영화의 소재로 재활용되어 큰 인기를 끌었다. 만화에 대한 탄압이 과연 그토록 필요한 일이었는지 되묻게 된다.

만화는 오랫동안 '어린이를 위한 미디어'로 인식되어 왔고, 그 때문에 "유해하다", "저속하다"라는 논쟁에 늘 시달려야 했다. 1950년대 이후 어린이를 위한 만화 잡지가 본격적으로 등장하여 어린이, 청소년 층에서 큰 인기를 끌었던 것은 사실이다. 그러나 시사 만화, 성인 만화 등 다양한 종류의 '어른을 위한 만화'도 있었다는 점을 생각하면 만화만 유독 유해성 논란에 시달린 데 의문을 제기할 만하다.

역사적으로 청소년이나 문화적 소수자들이 즐기는 미디어는 기성 세대나 대다수의 취미를 반영하는 주류 미디어에 비해 사회적 평가가 박한 편이다. 유독 만화에 대해서 사회에 악영향을 미친다, 질이 낮다는 비판이 끊이지 않는 것은, 만화의 표현이 실제로 유치하고 저속하기 때문이라기보다는 만화를 어린이나 청소년 등 문화적 약자들의 것으로 깔보는 사회적 인식이 있기 때문이다.

그런데 이러한 편파적인 인식이 오히려 긍정적인 영향을 주기도 한다. 주변적인 존재이기 때문에 주류 미디어에 비해 비교적 다양한 세계관이나 표현 양식이 나오기도 하고, 사회적으로는 억압을 받기 때문에 저항 문화만이 가질 수 있는 활력이 생기기도 한다. 이처럼 사회의 지배적인 문화나 기존의 생활 양식과는 달리, 주변적이면서 새로운 문화적 실천 양식을 '서브 컬처'sub-culture라고 한다. 서브 컬처는 억압받는 사람들의 문화이다. 나이가 적거나 돈이 없거나 힘이 없는 문화적 약자들의 표현 문화이며, 도시에 살아도 중심부에는 살지 못하고 주변부나 슬럼가에 사는 사람들이 즐기는 저항의 문화이기도 하다. 모든 만화가 서브 컬처의 취향을 반영한다고 할 수는 없겠지만, 비교적 다양하고 개성 있는 표현 방식이 가능하다는 점에서, 만화는 매스 미디어보다는 서브 컬처에 가까운 활력을 지니고 있다고 할 수 있다.

광학 극장과 비운의 천재

1892년 10월, 파리 그레뱅 박물관의 특별 코너로 문을 연 '광학 극장' Théâtre Optique의 문이 닫히고 조명이 꺼졌다. 영사 장치 뒤의 기름등이 반짝 켜지자, 숨죽인 관객들의 눈앞에는 선명한 색 그림들이 떠올랐다. 피아 노 반주가 배경 음악으로 깔리는 가운데, 그림 속의 인물들이 가볍게 움 직이기 시작했다. 무언가에 홀린 듯한 마술 같은 순간이었다. 피아노 반 주에 맞추어 그림들의 움직임은 15분이나 계속되었다. 동화가 현실로 펼 쳐진 것 같은 환상적인 장면에 객석에서는 탄성이 흘러나왔다. 샹젤리제 거리의 화려한 쇼에 익숙한 관객들도 이런 광경은 처음이었다. 에밀 레이 노가 초연한 광학 극장은 대성공이었다.

일반적으로 1895년 프랑스의 뤼미에르 형제가 '시네마토그라프' cinématographe라는 동영상 촬영 및 상영 장치를 발명했을 때 비로소 '활동 사진'motion picture의 시대가 개막되었다고 생각한다. 하지만 엄밀히 말하자 면, 뤼미에르 형제가 아니라 레이노의 광학 극장이야말로 인류 최초의 활동 사진이었다.

레이노의 광학 극장은 실사 사진을 이용한 영화가 아니라, 배경과 인 물 원화를 그린 다음 색을 입힌 애니메이션이었다. 그리고 이 마법과도 같은 동영상 상영은 레이노가 직접 발명하고 극장용으로 개조한 '프락시 노스코프'praxinoscope라는 수동 영사 장치로 이루어졌다. 그림 카드를 원통 형 릴에 연속으로 배치한 다음 손으로 릴을 돌려 이미지를 움직이게 하 고, 원통형 릴에 조명을 비추어 스크린에 이미지가 뜨게 하는 수동식 영

위 스크린 뒤에서 레이노가 영사 장치 '프락시노스코프'를 조작하고 있다.
아래 1892년에 광학 극장에서 처음으로 상영한 애니메이션 「가엾은 광대」의 한 장면.
작품을 구성하는 원화가 500장이 넘었고, 재생 시간이 15분에 달했다.

사기였다. 애니메이션 상영을 위해서는 영사 장치뿐 아니라, 작품도 필요했다. 레이노는 혼자서 시나리오를 쓰고 수백 장의 원화를 그리고 채색했고, 아는 음악가에게 배경 음악을 부탁하고, 인기 작가에게 홍보용 포스터를 그려 달라고 했다. 요즘이라면 수백 명의 전문가가 달라붙어서 해야 할 일이지만, 레이노는 홀로 고군분투했다.

레이노는 1892년에 초연한 「가엾은 광대」 이외에도 직접 제작한 몇 편의 애니메이션을 자신의 광학 극장에서 선보였다. 광학 극장은 처음에는 큰 인기를 끌었지만, 뒤늦게 등장한 뤼미에르 형제의 시네마토그라프 활동 사진 쇼[1895년 초연]에 밀리면서 점차로 관객이 줄어들었다. 뤼미에르 형제의 쇼는 불과 1분 남짓의 짧은 동영상을 보여 줄 뿐이었지만, 광학 극장보다 작품이 훨씬 다양했다. 손으로 일일이 원화를 그리고 수동으로 조작해야 하는 레이노의 프락시노스코프에 비해서, 사진 여러 장을 영사기에 넣어 자동으로 영사하는 뤼미에르의 시네마토그라프의 효

왼쪽 1892년 레이노의 광학 극장을 알리는 포스터.
오른쪽 1895년 뤼미에르의 시네마토그라프 영화 쇼를 알리는 포스터.

율성이 압도적으로 좋았던 것이다. 결과는 레이노의 완패였다. 광학 극장은 막을 내렸다. 그동안 프락시노스코프를 개선하기 위해 여기저기에 빚을 졌던 레이노는 빈털터리가 되었다. 절망한 그는 인생을 걸고 개발해 온 프락시노스코프를 비롯해, 광학 극장에서 쓰던 장치 일체를 모두 센 강에 던져 버렸다고 한다. 때를 만나지 못한 천재의 불행한 말로였다.

영화, 오락 산업의 막을 열다

활동 사진의 원리는 그다지 특별한 게 아니다. 책 귀퉁이에 연속 동작을 묘사하는 그림을 그리고 손가락으로 페이지를 빠르게 넘겨서 마치 그림이 움직이는 것처럼 보이게 하는 장난을 해 본 적이 있다면, 원리를 쉽게 알 수 있을 것이다. 정지 동작의 그림을 연속적으로 보면 마치 움직이는

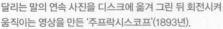

달리는 말의 연속 사진을 디스크에 옮겨 그린 뒤 회전시켜 움직이는 영상을 만든 '주프락시스코프'(1893년).

것처럼 보이는 착시 현상이 바로 활동 사진의 원리이다. 사진이 등장한 뒤 활동 사진이 실용화되기까지는 그다지 오랜 시간이 필요치 않았다.

뤼미에르 형제가 시네마토그라프를 실용화하기 이전에도 레이노의 프락시노스코프를 비롯하여 활동 사진을 재생하는 장치가 여러 종류 개발된 바 있다. 미국에서 발명된 '주프락시스코프'zoopraxiscope는 동물의 움직임을 촬영한 실사 사진을 인쇄한 원판을 회전시켜서 움직이는 것처럼 보이게 하는 장치였다. 또 최신 기술이라면 무엇이든 손을 댔던 열혈 사업가 에디슨은 1인용 동영상 감상 장치인 '키네토스코프'kinetoscope를 만들었다. 이 장치들은 시네마토그라프보다 앞서서 발명되었을 뿐 아니라 기계 장치의 정교함 측면에서도 그다지 뒤떨어지지 않았다.

그렇다면 뤼미에르 형제의 시네마토그라프가 가장 큰 성공을 거두며 활동 사진의 시초라는 명예를 누리게 된 이유는 뭘까? 우선 기계 장치의 우수함을 부인할 수는 없다. 시네마토그라프는 필름을 사용한 본격적인

왼쪽 가정용 영화 감상기 '프락시노스코프'(1883년).
오른쪽 에디슨이 고안한 1인용 영화 감상기 '키네토스코프'(1895년).

동영상 카메라였고, 동시에 필름을 영사할 수 있는 기능도 있었다. 즉, 처음부터 '대중 앞에서 상영한다'는 쓰임새를 염두에 둔 장치였던 것이다.

당시 프랑스 파리에서는 각종 쇼나 공연을 중심으로 오락 산업이 전성기를 누리고 있었다. 파리의 번화가인 샹젤리제에서는 '캬바레'라는 극장식 식당이 큰 인기를 끌었고, 밤마다 연주자와 무희 들의 화려한 공연을 보며 먹고 마시는 오락 문화가 번성했다. 무희들이 치마를 번쩍 들어 올려서 풍성한 속치마를 보여 주는 '캉캉' 같은 선정적인 춤이 등장한 것도 이때였다. 이렇게 공연 오락이 활발했기 때문에 활동 사진 장치를 이용해 공개 상영회를 갖는다는 발상도 자연스러웠다. 물론 그 발상을 처음으로 실천에 옮긴 것은 뤼미에르 형제가 아니었다. 광학 극장의 주역이자 불운한 천재 레이노야말로 선구자라고 할 수 있다. 하지만 역사는 승자의 몫이다. 뤼미에르 형제의 시네마토그라프는 오락 산업에서 활동 사진의 가능성을 찾아냈다. 지금까지도 최고의 오락 산업으로 영화를 누리고 있는 '영화'를 화려하게 데뷔시킨 것이다.

영화의 두 얼굴

영화는 지금까지도 전 세계에서 가장 인기 있는 오락 산업이다. 오락물로서 영화는 강렬하다. 영화만이 갖고 있는 미학적 우수함과 다양한 스토리는 많은 사람들에게 강력한 이미지를 각인시킨다. 하지만 모든 매스미디어가 그렇듯, 영화도 두 얼굴을 갖고 있다.

영화 「올림피아」의 포스터.

여류 감독 레니 리펜슈탈의 영화 「올림피아」[1938년]는 1936년 베를린 올림픽을 기록한 다큐멘터리 영화이다. 그해 베니스 영화제, 로잔 영화제를 비롯해 다수의 영화제에서 작품상을 수상했고, 이듬해에는 국제올림픽위원회[IOC]에서 주는 공로 메달을 수상했다. 그런데 세계 영화사 전체를 통틀어, 이 영화만큼 사회적으로나 정치적으로 논란을 불러일으킨 문제작도 없었다. 영화라는 장르의 미학을 유감없이 발휘한 수작이었지만, 히틀러 정권의 폭력적인 정책을 교묘하게 합리화한 선전 영화이기도 했기 때문이다.

베를린 올림픽 하면 무엇이 떠오르는가? 우리나라에서는 금메달을 따고도 가슴에 단 일장기가 부끄러워서 고개를 푹 숙이고 있는 마라토너 손기정 선수의 모습을 기억하는 사람이 많을 것이다. 베를린 올림픽이 열렸던 1936년은 '스포츠를 통한 세계 평화'라는 올림픽 정신이 무색

영화 촬영 중인 레니 리펜슈탈의 모습.

할 정도로, 식민주의와 제국주의의 야욕이 전 세계에 어두운 그림자를 드리웠던 시절이다. 한반도는 일제 식민 통치로 신음하고 있었고, 유럽에서는 독일 나치당이 압도적인 국민 지지로 집권하면서 이웃 나라에 대한 침략 야욕을 노골적으로 드러내고 있었다. 이 와중에 베를린 올림픽이 개최되었다. 나치당은 전 세계인의 이목이 주목되는 올림픽을 통해 독일 민족의 우월성을 국내외에 선전하고 호전적인 정책에 대한 지지를 호소하고자 했다. 히틀러의 충신이자 나치당의 홍보 전략을 책임졌던 괴벨스는 전례가 없는 대규모 '선전용 이벤트'를 치밀하게 기획, 집행했다.

　「올림피아」 촬영 당시, 리펜슈탈의 나이는 32세였다. 직접 연기를 할 정도로 다재다능했던 리펜슈탈은 젊고 아름다웠으며, 연인 관계를 의심받을 정도로 히틀러와 좋은 관계를 유지했다. 그녀는 「올림피아」 이외에도 나치당과 히틀러를 찬양하는 선전 영화를 몇 편이나 만들었다. 리펜슈탈의 영화는 대담하고 아름다워서 미학적 측면에서는 흠잡을 데가 없었다. 하지만 영화 바탕에 나치당과 히틀러의 호전적인 정책에 대한 선전이 깔려 있었던 것은 부인할 수 없는 사실이다. **영화 「올림피아」는 올림픽 이벤트의 아름다움을 드러내는 데에 성공했을 뿐 아니라, 올림픽 이벤트에 숨어 있는 호전적인 폭력성을 감쪽같이 지워 버리는 데에도 큰 공헌을 한 것이다.**

제2차 세계 대전이 끝난 뒤, 리펜슈탈은 나치당의 선전에 적극 가담한 혐의로 기소, 투옥되었다. 그녀는 자기가 나치당원이 아니었다는 점을 강조하면서 "정치적인 의도가 없었다."라고 억울함을 호소했다. 감옥에서 풀려난 뒤에도 리펜슈탈은 몇 차례나 영화 제작에 도전했지만, '나치 잔당'이라는 차가운 여론에 번번이 좌절했다.

영화 「올림피아」를 어떻게 평가해야 할까? 베를린 올림픽을 전후해서 나치당에 대한 독일 국민들의 지지는 최고조에 달했고, 국내 여론의 힘을 받은 나치당이 1939년에 폴란드를 침공하면서 제2차 세계 대전이 발발했다. 영화 「올림피아」는 과연 무죄일까, 유죄일까?

1960년대, 한국 영화의 전성기

한국 사회의 영화 사랑은 각별하다. 남녀노소를 불문하고 영화관을 즐겨 찾는다. 영화 팬이 많을 뿐 아니라 영화 제작도 활발하다. 개봉작 가운데 국내 제작 영화 편수의 점유율이 절반을 넘을 정도인데, 이 정도로 영화 제작 산업이 활발한 나라는 손에 꼽힐 정도이다. 정치적 이슈를 다루는 정통 시사 영화부터 달콤한 러브 스토리까지 내용도 다양하다. 할리우드의 대규모 블록버스터 영화가 전 세계 영화 시장을 단단히 장악하고 있는 상황에서 흔치 않은 사례이다.

그러나 우리나라 영화의 역사는 결코 평탄치 않았다. 근대 기술 도입이 빨랐던 일본으로부터 1900년대 초반에 영화가 처음 소개되었다. 영화는 도입 초기부터 대중들 사이에서 인기를 끌었지만, 일제 식민 통치하에서 영화를 만들고자 하는 시도는 빈번히 좌절에 부딪혔다. 영화 제작에 필요한 기술이나 물질적 기반이 부족했고, 일제의 극심한 검열도 창작 의욕을 꺾었다. 해방 이후에는 6.25전쟁으로 필름이나 촬영 장비, 스튜디오가 전부 유실됐으며, 세계적인 불황기와 맞물렸던 1970년대에는 군사 정권의 통제 속에서 수모를 견뎌야 했다. 이렇게 어려운 제작 환경 속에서 영화가 오락적 역할에 만족하지 않고 다양한 목소리를 내는 사회적 발언대로 자리 잡았다는 것은 값진 성과이다.

최근에 국내 영화가 계속해서 상업적으로 성공을 거두고 있고 국제 영화제에서 영예로운 상을 수상하기도 한다. 그래서 지금이야말로 '한국 영화의 전성기'라고 말하는 이들이 많다. 하지만 제작 편수 및 연간 관객수로 보자면, 한국 영화의 최고의 전성기는 1960년대였다. 1969년에 영화 제작 편수 233편, 연간 관객수 1억 7,800만 명이라는 대기록을 달성했는데, 1인당 국민소득이 당시의 10배에 달하는 2010년대에도 깨지지 않고 있다. 인구 대비로 추산하면, 전 국민이 한 해 동안 영화 5~6편을 관람했다는 말인데, 정치적으로 혼란스럽고 경제적으로도 그리 넉

넉하지 않았을 때임을 감안하면 영화의 대중적 인기와 영화 제작의 열기가 어느 정도였는지 짐작할 만하다.

당시는 텔레비전이 많이 보급되지 않았을 때라 오락 미디어로서 영화에 대한 대중들의 관심과 기대가 매우 높았다. 대중의 관심을 한 몸에 받았던 만큼 수많은 영화가 제작, 상영될 수 있었다. 이렇게 영화의 영향력이 커지자, 국가 권력의 통제도 이만저만하지 않았다. 5.16 쿠데타로 수립된 군사 정권은 국내 영화를 보호하는 '수입 영화 쿼터제'^{수입 영화 편수를 제한하고, 영화 수입으로 인한 수익을 국내 영화 제작에 환원하도록 한 국내 영화 보호 정책} 같은 회유적인 제도를 도입하는 한편 국내 영화 제작사를 강제적으로 통·폐합하고 영화 시나리오를 검열하는 제도를 강화했다. 특히 검열 제도는 사상이 불온하거나 외설적이라는 이유로 수많은 영화에 제멋대로 가위질을 하거나 상영을 가로막았다. 1960년대가 한국 영화의 황금기였다고는 해도, 창작자가 '표현의 자유'를 만끽할 수 있는 시대는 결코 아니었던 것이다.

대중의 인기와 권력의 통제를 동시에 받던 이 시기에, 한국 영화는 내외적으로 큰 성장을 이루어 내었다. 특히 암울한 제작 환경에서도 청춘물, 멜로물, 스릴러, 심리극, 액션, 코미디, 호러 등 이전과는 비교할 수 없을 정도로 다양한 장르의 영화가 만들어졌다는 점이 주목할 만하다. 유현목 감독의 「오발탄」^{1960년}, 김기영 감독의 「하녀」^{1960년}, 신상옥 감독의 「로맨스 빠빠」^{1960년} 등은 지금까지도 손꼽히는 한국 영화사의 걸작들이다. 영화에 관심이 있는 독자라면, 이 시기의 한국 영화에 관심을 가져 볼 만하다.

오디오 스타, 변사

우리나라에서 제작된 마지막 무성 영화
'검사와 여선생'(1948년)의 포스터.

지금은 영화에 주인공의 목소리나 배경 음악 등 다양한 소리가 함께 흘러나오는 것이 자연스럽지만, 초창기의 영화는 소리가 없는 무성 영화였다. '무성'이라고 해도, 침묵 속에서 영화를 보는 것은 아니었다. 영화관에서 생음악을 연주하거나 스크린 옆에 해설자가 등장해서 즉석에서 내레이션을 삽입했기 때문이다.

무성 영화의 내레이션을 담당하는 사람을 '변사'라고 불렀다. 변사는 내용을 해설할 뿐 아니라, 등장인물의 희로애락을 실감나게 연기했고, 때로는 해학과 유머 감각을 발휘해서 해석을 곁들이기도 했다. 영화 시작 전에 무대에 올라 인사말을 하거나 예고편을 안내하기도 했다. 무성 영화 시대에는 변사의 능수능란한 추임새야말로 빠뜨릴 수 없는 재미였다.

1925년에 개봉한 해외 영화 「벤허」의 상영관. 로마인의 억압에 유대인이 항거하는 장면에서 내레이션을 담당한 변사가 자리를 박차고 일어나 크게 소리를 질러 댔다. 그의 열렬한 연기로 「벤허」가

연일 초만원이라는 사실이 총독부에 보고될 정도였다.

　　나운규 감독의 영화 「아리랑」1926년은 극심한 일제의 검열과 탄압 속에서 힘들게 상영된 무성 영화였다. 이 영화는 주인공 영진이 미쳐서 귀향한다는 설정인데, 정작 영화 속에서 '왜 미쳤는지'에 대한 구체적인 설명은 주어지지 않았다. 해설을 맡은 변사는 극장에 상주하며 감시하는 일본인 경관이 자리를 뜨면 "주인공은 젊은 시절 독립운동을 하다가 흠씬 얻어맞고 정신적인 충격을 받은 채 귀향한 것"이라는 설명을 덧붙였고, 일본인 경관이 있을 때에는 독립운동에 대한 이야기를 빼고 내레이션을 했다고 한다. 일제 식민 통치의 억압에서 벗어나기 어려웠던 무성 영화 시절, 변사는 '민중의 속 시원한 입' 역할을 담당했던 것이다.

영화관을 찾는 사람들이나 컴퓨터나 인터넷으로 동영상을 시청하는 사람들이 아무리 많아졌다고 해도, 텔레비전은 아직도 우리 생활에 가장 큰 영향력을 미치는 미디어이다. 우리나라에서 텔레비전 방송은 1950년대에 시작되었지만 본격적으로 일반 가정에 텔레비전 수상기가 보급되기 시작한 것은 1960년대부터였다. 그렇다고 하더라도 텔레비전은 서민들이 살 엄두를 낼 수 없을 정도로 비싼 사치품이어서, 1965년 가구당 보급률이 1퍼센트 미만에 불과했다. 하지만 집집마다 텔레비전이 보급되기 전부터 방송 프로그램에 대한 사람들의 관심은 대단했다. 당시에 인기 만점이던 프로레슬링이나 드라마가 방영되는 날에는, 텔레비전이 있는 집 안방으로 동네 사람들이 삼삼오오 모여들어 함께 울고 웃었다.

1970년대에 들어서자 텔레비전 수상기 값이 떨어지고 가구당 수입도 서서히 증가했다. 이제 비로소 서민층도 텔레비전을 구입할 엄두를 낼 수 있게 되었다. 1970년대 말에는 가구당 텔레비전 보급률이 80퍼센트에 육박했다. 굳이 영화관에 가지 않아도 안방에 편안히 앉아서 드라마, 뉴스, 외화를 감상할 수 있는 '안방 극장' 시대가 도래한 것이다. 이 시기에 영화의 인기가 한풀 꺾인 것도 텔레비전이 맹렬히 보급되는 상황과 무관하지 않을 것이다.

텔레비전 보급의 영향은 영화 산업을 침체기에 몰아넣은 것으로 그치지 않았다. **텔레비전 방송은 '시간'이라는 프레임을 장악함으로써 우리 일과에 깊숙이 관여하게 되었다. 회사원은 출근 전 아침 뉴스를 통해 그날**

	일	월	화	수	목	금	토
4:45	테스트 패턴 방송 순서 예고						
5:00	인형극	인형극	인형극	인형극	인형극	인형극	인형극
5:15	어린이극장	영이의 일기	TV 유치원	어린이 동산	노래는 즐겁다	춤추는 어린이	누가 먼저 맞추나
5:30		꼬마 실험실	예능 교실	즐거운 공작	우리 학교 소식	척척 박사	척척 박사
5:45	TV 응접실	영어 교실	한국의 얼굴	영어 교실	재건의 길	영어 교실	문화 살롱
6:00	뉴스	뉴스	뉴스	뉴스	뉴스	뉴스	뉴스
6:10	선셋 77	희망의 세대	음악유람	무용에의 초대	체육교실	단편영화	유머 클럽
6:30					과학 영화	건설의 광장	뉴스
6:40		문화 영화	문화 영화	교육 영화	리버티 뉴스	TV 음악 전당	관광 여행
6:50							
7:00	일요 음악회	TV 그랜드 쇼	나의 비밀	제스처 게임	금주의 버라이어티	금요 극장	홈런 퀴즈
7:30			국악 버라이어티	재즈 USA	골트 45	5색의 성좌	가요 퍼레이드
8:00	재치 문답	단편 영화 취미 생활	뉴스 릴 교양 대학	수요일 밤의 향연	노래고개	단편영화	뉴스 (런던 TV뉴스)
8:30	뉴스	뉴스	뉴스		뉴스	과학의 화제	주간 토픽 뉴스
8:40			주부 살롱		주부 살롱	TV 화랑	주부 살롱
9:00		KBS 시네마					무드의 창문
9:30							

KBS-TV 개국 초 편성표 (1962. 2)
개국 초기, 텔레비전 방송 시간은 하루 4시간 30분이었다.
1962년 2월 KBS 텔레비전의 정규 방송은 오후 5시에 시작해서
저녁 9시 30분에 끝났으며, 어린이용 교육 프로그램과 영화가 차지하는 비중이 컸다.
이후 점차로 편성 프로그램은 뉴스, 드라마, 교양 프로그램 중심으로 바뀌어 갔다.

의 날씨를 확인하고, 전업 주부의 오전 시간은 정보 프로그램을 보는 것으로 채워진다. 저녁식사가 끝날 즈음 뉴스를 보면서 그날의 사건·사고를 확인하고, 늦은 밤에는 드라마나 오락 프로그램을 보면서 피로를 푼다. 요일별로 보는 프로그램이 정해져 있고 방영 시간대에 맞춰서 일정을 조절하기도 한다. 사람들에게 필요한 오락과 정보를 제공함으로써 텔레비전이 일상의 시간을 장악해 버린 것이다. 공중파 방송과 전혀 다른 시간 감각으로 편성되는 케이블 방송이나 시간대에 상관없이 언제라도 즐길 수 있는 인터넷 방송 등이 등장하면서, 매일매일의 일과에 대한 텔레비전의 장악력이 예전에 비해 줄고 있기는 하다. 하지만 여전히 많은 사람들의 머릿속 시계는 시간 혹은 요일 단위로 구분된 방송 프로그램 시간에 맞춰져 있다.

1970년대 최고 인기 프로그램은 드라마였다. 영화의 인기는 사그라진 반면, 텔레비전 드라마의 인기가 하늘을 찔렀다. TBC^{동양방송. 1960년대에 설립된 민간 방송국으로 1980년에 방송통폐합으로 KBS에 강제 통합되었다.}에서 1970~1971년에 방영한 일일드라마 「아씨」는 전설적인 인기를 누렸다. 시청률 조사 기관이 생기기 전이라 정확한 수치는 알 도리가 없지만, "드라마가 시작되기 전에 문단속을 잘하여 도둑을 조심하고 수도꼭지가 꼭 잠겼는지 다시 한 번 점검한 뒤에 시청해 달라"는 이색적인 주의 방송이 나갔을 정도였다고 한다. 주인공인 '아씨'가 바람둥이 남편에게 구박을 받는 대목에서는, 부인들이 방송국으로 몰려들어 "남편을 죽이든가 개심시켜 달라"고 협박조로 간청했다는 에피소드도 전해진다.

드라마 「아씨」의 엄청난 성공 이후 KBS, MBC 등 다른 방송국에서도 앞다투어 드라마 부문을 강화하기 시작했다. 지금도 한국 사회는 가히 '드라마 왕국'이라 할 정도로, 형식과 내용이 다양한 드라마가 빠른 호흡으로 제작, 방영된다. 우리에게는 일일 드라마, 주말 드라마, 대하 드라마, 주중에 방송하는 미니 시리즈 등이 당연하지만, 다른 나라에는 이처럼 다양한 형식과 빠른 호흡을 자랑하는 드라마가 매우 드물다.

사진에서 영화, 텔레비전에 이르기까지 다양한 시각 미디어는 뉴스와 오락 정보의 전달자로서 일상에서 가장 중요한 부분을 담당하고 있다. 시각 미디어를 통해 전달되는 정보는 풍부하고 직관적이어서 누구나 비교적 쉽게 이해할 수 있다는 장점이 있다. 반면 감성적, 감각적인 느낌이 우선하기 때문에 시각 미디어에만 의존해서는 이성적 판단을 그르칠 수 있다는 단점도 있다. 현대 사회에서 미디어를 비판적으로 이해하고 성찰하는 태도가 특히 필요한 것은 이 때문이다.

"누가 이 사람을 모르시나요"

1983년 6월 30일 밤 10시 15분, KBS 1TV를 통해 가수 패티 김이 애절하게 부른 주제가와 함께 6.25 특별 기획 생방송 '이산가족을 찾습니다'가 전파를 탔다. 종전 30주년을 맞이해 특별 기획된 이 방송은, 전쟁으로 생사를 알 수 없게 된 이산가족들의 사연을 생방송으로 소개하는 내용이었다. 즉석에서 이산가족들을 연결해 줄 수 있도록 전용 전화도 설치되었다. 헤어진 가족, 친지를 찾고 싶다는 시청자의 문의가 빗발쳤고, 실제로 전화를 통한 상봉이 속속 이루어졌다. KBS는 즉각 정규 방송을 취소하고, 더 많은 이산가족이 만날 수 있도록 생방송 시간을 연장했다. 급기야는 방송사 앞마당을 개방하였고 광장 벽에 붙여진 이산가족의 사연을 중계하기 시작했다.

반응은 가히 폭발적이었다. 수많은 이산가족들이 서울 여의도 KBS 사옥 앞 광장에 모여들어 가족과 헤어지게 된 슬픈 사연을 쏟아 냈다. 이산가족이 아닌 시민들도 텔레비전을 시청하면서 안타까운 사연에 눈물지었고, 감동적인 상봉 장면에 또 눈물을 흘렸다. 시청률은 무려 75퍼센트를 기록했다. 6월에 시작된 생방송은 11월까지, 무려 138일 453시간 45분 동안 계속되었다. 이 기록은 '세계 최장 시간 생방송'으로 기네스북에 등재되었다. 이 기간 동안 이산가족의 사연은 5만여 건이 전파를 통해 소개되었고, 1만여 이산가족이 상봉했다.

'이산가족을 찾습니다'는 방송사나 광고주가 아닌 일반 시민들의 사연과 목소리를 직접적으로 중계한, 전 세계 방송 역사상 유례 없는 프로그램이다. 선거 방송이나 국회 청문회 등 공공 행사를 방송에서 중계하는 일은 흔한 일이지만, 방송이 두 팔을 걷고 나서서 시민과 시민을 중계하는 역할을 자처하는 경우는 대단히 드물다. 국가 권력과 광고 자본, 전문 방송 직업인이 장악해 온 세계 방송의 역사에서 방송 전파를 시민 개인에게 환원한 보기 드문 사례로 높이 평가 받고 있다.

네트워크 미디어와
사이버 문화

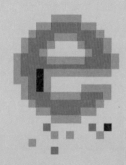

인류 역사에 처음으로 등장한
'컴퓨터'는 '계산기'였다. 숫자
를 계산한다는 기능 면에서 보
면, 오래전부터 중국 문화권에
서 애용되어 온 주판이야말로
컴퓨터의 선조라고도 할 수 있다. 실제로 1946년에 일본에서 주판과 컴
퓨터의 초기 형태인 전동식 계산기의 정확도와 스피드를 겨루는 대회가
열렸는데, 4:1이라는 압도적인 결과로 주판이 전동식 계산기에게 승리를
거둔 적도 있었다.

초기 컴퓨터는 주판과의 대결에서 참패할 정도로 둔하고 느린 장치
였지만, '디지털'이라는 새로운 정보 처리 방식을 도입하면서 어려운 계
산과 연산을 거뜬히 해내는 기계로 진보했다. 지금의 컴퓨터는 주판 천
재 수백 명이 달라붙어도 이길 수 없을 정도로 어려운 숫자 계산을 빠
른 속도로 거뜬히 해낼 뿐 아니라, 훨씬 복잡한 정보를 분석하거나 논리
적 추론도 해낸다. 기술이 나날이 발전하면서 문서를 작성하거나 멀티
미디어를 제작하는 등 숫자 계산과는 무관한 작업도 척척 처리할 수 있
게 되었다.

인간의 작업을 돕는 외부 장치라는 의미에서, 컴퓨터에는 여타 기계
들과 결정적으로 다른 특징이 있다. 다른 기계 장치들은 신체 활동을 돕
기 위해 고안되었지만 컴퓨터는 지적 활동을 돕기 위해 고안되었다는 점

이다. 사람보다도 기계가 똑똑한 세상이 현실이 된 것이다.

컴퓨터는 매우 고도화된 장치이다. 컴퓨터가 기술적으로 어떻게 발전해 왔는지는 컴퓨터의 역사를 이해하는 데 매우 중요하기는 하지만, 컴퓨터의 역사를 전부 말해 주는 것은 아니다. **컴퓨터에는 기술의 역사만으로는 드러나지 않는 게 있다. 처음에 계산기였던 컴퓨터가 지금은 사람과 사람을 연결하는 의사소통 수단이 되었고, 더불어 일상생활에 필요한 다양한 정보를 실어 나르는 콘텐츠 전달 수단으로 바뀌어 왔다.** 어떻게 보면 초기 컴퓨터 기술이 꿈꾸었던 미래상보다도 더 급진적이고 역동적으로 변해 온 것이다. 여기에서는 사회 문화적 측면에서 컴퓨터가 '고도의 연산, 계산 기술 장치'에서 '미디어'로 변모해 온 역사를 소개하려고 한다.

전쟁터에서 태어난 기술, 컴퓨터

컴퓨터가 미디어로 자리매김하는 데 가장 중요한 역할을 했던 것은 개인용 컴퓨터PC이다. 개인을 위한 컴퓨터라는 개념이 등장함으로써 컴퓨터는 전문가를 위한 고도의 기계 장치가 아니라, 누구나 쉽게 조작하고 사용할 수 있는 친근한 도구로 발전하기 시작했다.

개인용 컴퓨터에 대한 최초의 구상은, 제2차 세계 대전이 바야흐로 종전을 향해 치닫던 1945년 7월, 배니바 부시라는 미국 과학자가 한 학술 잡지에 발표한 것이었다. 그가 구상한 것은 개인의 기억을 돕는 기계인데 '인간의 기억'memory을 '모방하다'mimic라는 의미에서 '메멕스'라고 이름 붙였다.

> "미래의 개인용 단말 장치에 대해 생각해 보자. 기계화된 일종의
> 사적인 자료나 책을 보관하는 시스템이다. 이름이 필요하다면
> '메멕스'라고 하면 어떨까? '메멕스'는, 개인이 갖고 있는 책, 기록,
> 편지 등을 보관할 수 있는 기계이며, 또한 대단히 빠른 속도로,
> 아주 유연한 방식으로, 그 내용을 검색할 수 있다. (…) '메멕스'에
> 보관할 자료 대부분은 기계에 직접 입력할 수 있는 마이크로 필름 형태로
> 구입한다. 모든 종류의 책, 사진, 최신 잡지, 신문 등을 마이크로
> 필름 형태로 입수해서, 보존할 수 있다. (…) 일반적인 인덱스 형태로
> 정보를 찾는 것도 가능하지만, 사용자가 키보드를 이용해서
> 코드를 입력하면 바로 표지를 검색해서 내놓을 수도 있다."

당시는 컴퓨터 한 대가 방 하나를 꽉 채울 정도로 엄청나게 컸을 뿐 아니라, 그 큰 덩치로 할 수 있는 일이란 단순한 숫자 계산뿐이었다. 개인의 사사로운 기억이나 기록을 저장하고 검색하는 '메멕스' 구상은 꿈 같은 얘기였다.

문제는 이 꿈 같은 얘기를 주장한 부시라는 사람이 단순한 몽상가도, 실험실에 틀어박혀 연구에만 매진하는 앞뒤가 꽉 막힌 과학자도 아니었다는 점이다. 그는 제2차 세계 대전 당시 6,000여 명의 과학자들이 총집결한 미국 전시과학연구개발국의 총책임자로, 세계에서 가장 큰 영

미국의 애니악(1946년)은 방 하나를 꽉 채울 정도로 덩치가 컸지만,
계산 능력은 지금의 휴대형 계산기 정도에 불과했다.

향력을 가진 거물 과학자였다. 핵무기 개발과 잠수함 축조 프로젝트를
선두 지휘해서 미국을 승전으로 이끈 전쟁 영웅이자, 무기 개발에 투입
된 막대한 규모의 예산을 좌지우지했던 전문 관료였다. 부시의 메멕스
구상은 일개 과학자의 아이디어가 아니라, 연구자들에게 던져진 숙제로
받아들여졌다. 당시 세계 최고 수준의 컴퓨터 기술을 갖고 있던 미국의
연구자들에게는 이보다 더 큰 자극제가 없었다. 세계 대전의 승전국인
미국의 주도하에, 컴퓨터 기술은 매우 빠른 속도로 발전해 나갔다.

세계 최초의 범용 컴퓨터라고 일컬어지는 애니악ENIAC은 미 육군과
펜실베이니아 대학이 공동으로 개발한 초대형 컴퓨터로, 미사일의 탄도
를 계산하거나 적국의 암호 시스템을 해독하기 위해 개발, 활용되었다.

정보전을 위한 기계였던 셈이다. 20세기 들어 두 차례나 발발한 세계 대전은 컴퓨터 기술을 비약적으로 발전시켰다. 컴퓨터는 전쟁통에 뜻하지 않게 세상에 나오게 된 물건이었다.

전쟁 중에 이룬 과학 기술 개발의 성과라는 이유로, 컴퓨터로 인한 사회 전반에서 일어나고 있는 변화의 의미를 폄하할 필요는 없다. 컴퓨터는 많은 이들의 동반자가 되었고, 그로 인한 편리함과 성가심 역시 이미 우리 일상의 일부가 되었다. 다만, 컴퓨터가 수많은 사람들을 사지로 몰아넣은 전쟁 속에서 이 세상에 나오게 되었다는 사실만은 기억해 두도록 하자. 과학 기술은 때로는 대량 학살과 폭력을 정당화하는 권력의 필요에 철저하게 복종함으로써 눈부신 발전을 이룩해 왔다. 컴퓨터는 그 전형적인 사례인 것이다.

"살인 컴퓨터" VS "어린이를 위한 컴퓨터"

명감독 스탠리 큐브릭의 영화 「2001 스페이스 오디세이」1968년는 우주 공간을 항해하는 초대형 우주선을 배경으로 한 SF 영화이다. 영화에는 'HAL9000'이라는 슈퍼컴퓨터가 악역으로 등장해서 우주선의 승무원들과 대항한다. 슈퍼컴퓨터의 반란으로 승무원은 살해되고, 우주선은 결국 우주를 표류하게 된다.

이러한 암울한 영화 내용은 1960년대 중반 미국의 사회 분위기와 관련이 깊다. 당시 미국에서는 정부 주도의 우주 개발 계획이 착착 진행

SF영화 「2001 스페이스 오디세이」의 한 장면. 우주선의 벽면을 가득 채운
전자 회로와 스위치가 인상적이다. 당시 주류였던 IBM 대형 컴퓨터인
'메인프레임'의 이미지가 반영되었다.

되고 있었고, 또 한편에서는 인공 지능이나 컴퓨터 분야에 있어서 혁신
적인 성과가 앞다투어 발표되었다. 컴퓨터의 비약적인 발전이 우주 항공
기술 등 여타 공학 분야에까지 영향을 미치는, '컴퓨터의 시대'가 열리고
있었던 것이다.

　　그런데 이러한 성과가 미래 사회에 대한 장밋빛 약속으로만 여겨지
지는 않았다. 사람보다 똑똑한 기계가 나타나면 오히려 인류에게는 치명
적인 위협이 되지 않을까, 하는 막연한 걱정도 함께 생겨났다. 컴퓨터에
대한 암울한 상상력은 당시 빠른 속도로 진보하고 있던 컴퓨터 기술에
대한 공포에서 비롯되었다. 1960년대 후반만 해도 개인을 위한 컴퓨터라
는 꿈은 요원했다. 대부분 컴퓨터는 공장의 자동화 공정 관리나 대기업
의 인사 관리 시스템 등 인간 위에 군림할 관제탑 역할로 적극 활용되었
다. 성능 높은 슈퍼컴퓨터가 인간을 더욱 강력하게 관리하고 지배할 끔
찍한 미래가 눈에 보이는 듯했을 것이다. 「2001 스페이스 오디세이」는 사

람보다 똑똑한 기계가 사람을 관리하는 사회에 대한 믿음과 공포가 공존했던 시대적 정서가 잘 표현된 영화였다.

한편, 인간을 옭아매는 슈퍼컴퓨터와는 전혀 다른 종류의 컴퓨터에 대한 생각도 서서히 모습을 갖추어 가고 있었다. 이즈음부터 소형 마이크로칩^{CPU} 가격이 빠르게 떨어졌는데 젊은 공학도 사이에서 '반은 공부로, 반은 재미로' 컴퓨터를 손수 조립하는 취미가 유행하기 시작했다. 컴퓨터 조립 취미를 가진 애호가들은 자신의 지식과 경험을 슈퍼컴퓨터 발전을 위해 쓰기보다는, 사적인 재미나 즐거움을 위해 쓰는 게 더 보람 있다고 생각했다. 나만을 위한 컴퓨터를 조립하거나 집 앞을 지나는 자동차의 교통량을 분석하는 프로그램을 장난 삼아 만들어 보는 것이 훨씬 즐거웠고, 스스로에게 즐거움을 준다는 의미에서 더 의미 있었다. 공장의 공정 관리나 대기업의 인사 관리에 사용되는 감시와 지배의 도구가 아니라, 개인의 다양한 필요성과 감성에 맞춘 '놀이와 표현의 도구'로서 컴퓨터를 원했던 것이다.

앨런 케이가 직접 그린 상상도. **왼쪽** 다이너북을 쓰는 어린이.
오른쪽 다이너북 구상도. 지금의 태블릿 PC생김새와 매우 닮았다.

1977년에 발매된 애플 II 컴퓨터.
외장형 키보드, 사운드, 플라스틱 케이스와
여덟 개의 연장 슬롯, 두 개의 플로피
디스크 드라이브가 장착된 모델이다.
이 모델은 이후 수십 년 동안 PC의 기본형이 되었다.

새로운 컴퓨터에 대한 열망은, 1968 년에 발표된 '어린이를 위한 컴퓨터' 라는 아이디어에서 상징적으로 드러난다. 젊은 컴퓨터 공학자 앨런 케이가 발표한 '다이너북'Dynabook은 "작은", "재미있는", "갖고 노는" 컴퓨터라는 콘셉트를 갖고 있었다. 어린이가 장난감처럼 갖고 놀 수 있을 정도로 조작이 쉽고, 동시에 학습도 가능하도록 디자인된 미래의 컴퓨터에 대한 구상이었다. 케이가 직접 그린 다이너북의 상상도를 보면, 노트 크기의 패드형 스크린에 키보드가 일체형으로 장착되어 있고, 연산 능력, 기억 용량, 통신 기능까지 갖추고 있다.

이러한 새로운 유행을 재빨리 포착한 회사가 등장했는데, 바로 그 유명한 스티브 잡스가 창업한 '애플'이다1976년 설립. 스티브 잡스와 동업자였던 스티브 우즈니악은 둘 다 컴퓨터 조립을 즐기던 애호가였고, 당시 젊은 공학도들 사이에 자작 컴퓨터에 대한 열망이 있다는 사실도 잘 알고 있었다. 스스로의 경험을 살려서 내놓은 소형 컴퓨터 애플I, 애플II 등은 컴퓨터의 이미지를 뒤집어엎은 파격적인 상품이었다. 기업에서나 겨우 구입할 만큼 비싸고 큼직한 IBM의 '메인프레임'과는 달리, 애플 컴퓨터는 개인이 구입할 만한 저렴한 가격에 책상 위에 놓아둘 수 있는 작은 규모를 자랑했다. 바야흐로 본격적인 PC가 등장한 것이다. 젊은 공학도들의 취미를 적절히 읽어 낸 '애플' 시리즈가 선풍적인 인기를 끈 것은 말할 필요도 없다.

애플의 새로운 시도에 대해서 "스티브 잡스 같은 천재가 아니면 할 수 없는 창조적 발상"이라고 평가하는 사람들도 있지만, 개인용 컴퓨터 시대 개막을 위한 사회적 분위기는 충분히 무르익은 상태였다. 메멕스 구상이 세상에 나온 지 20여 년이 흐른 뒤였고, 컴퓨터를 전공하던 젊은 공학도를 중심으로 소형 컴퓨터 자작 붐이 인기를 끌고 있었으며, 인텔 등의 부품 전문 회사도 기술 개발에 박차를 가하고 있었다. PC가 출현하는 것은 시간 문제였다고 할 수 있다. 그러나 PC의 등장만으로는 컴퓨터라는 기계가 미디어로 변신한 역사를 모두 설명할 수는 없다. 여러 대의 PC가 신경망처럼 연결된 거대한 디지털 네트워크, 즉 '인터넷'의 출현에 대해 이야기할 필요가 있다.

인터넷이 생겨난 의외의 역사

1967년 미국 국방성은 '아르파넷'ARPANET이라는 '컴퓨터 네트워크'를 구축하겠다는 계획을 발표했다. PC 시대가 열리기 이전으로, 덩치가 크고 비싼 IBM의 '메인프레임'이 주류이던 시절이었다. 메인프레임은 평생 한 번 구경조차 어려울 정도로 비싸고 희소 가치가 높은 기계 장치여서, 컴퓨터 기술이 가장 앞서 있던 미국에서도 일부 기업과 소수 연구 조직만 구비할 수 있었다. '**컴퓨터와 컴퓨터를 연결한다**'는 생각은, **미국 국방성 정**

도의 막대한 자금과 추진력을 갖춘 조직이 아니면 꿈도 꾸지 못할 야심만만한 계획이었다.

　미국 국방성이 컴퓨터 네트워크를 구축하겠다는 계획을 발표한 배경에는 미국과 소비에트 연방소련이 주도하는 '냉전 체제'라는 상황이 있었다. 당시 미국과 소련은 자본주의와 공산주의라는 이데올로기를 내세우며 정치적, 군사적으로 팽팽한 긴장 상태를 유지하고 있었다. 최신 과학 기술은 곧 최강의 군사력을 의미했으므로, 미국과 소련은 경쟁적으로 과학 기술 개발에 박차를 가했다. 1957년, 소련이 인류 최초의 인공위성인 스푸트니크호 발사에 성공하면서 미국의 전세가 약간 기운 듯이 보였는데, 바로 이때 미국은 컴퓨터 네트워크를 구축하겠다는 야심찬 계획을 발표했다. 즉, 군사 기술 경쟁에서 우주 항공 분야는 소련에 뒤졌지만, 통신 분야는 앞서겠다는 의도였다.

　1969년, 캘리포니아 주립 대학과 스탠퍼드 대학 등 메인프레임을 보유하고 있던 네 개의 연구 조직을 통신망으로 연결하는 실험이 성공적으로 실행되었다. 컴퓨터 네트워크는 적의 폭격에 주요 통신망이 파괴되더라도 안정적으로 정보를 전달하기 위해 정보를 여러 개의 접속점과 루트에 분산해서 통신하기 위해 고안되었다. 본격적으로 가동이 시작되자 아르파넷은 곧바로 미국 전역의 대학과 기업에 접촉해서 가능한 한 많은 접속점을 확보하려 했다. 컴퓨터를 보유한 측에서 보더라도 흥미진진한 실험이었으므로 컴퓨터 네트워크를 확장하는 일은 순조롭게 진행되었다. 1970년대 후반이 되자 아르파넷은 접속 인원이 수천 명에 달하는, 거대한 컴퓨터 네트워크로 성장해 있었다.

그런데 흥미로운 일이 벌어졌다. 이곳에서 전시 통신 연구라는 애초의 의도와는 전혀 다른 종류의 활동이 싹텄던 것이다. 애초에 사람들은 아르파넷이 컴퓨터 공학에 관한 정보 교류를 위한 도구가 되리라고 생각했다. 그런데 네트워크에 접속한 젊은 공학자들이 무미건조한 전문 정보를 주고받는 데 그치지 않고, 소소한 일상사나 일에 대한 푸념, 취미 이야기 등 사적인 관심사를 풀어 놓기 시작했다. 실제로 아르파넷에서 가장 인기를 끈 코너는, 접속자들이 자발적으로 개설한 전자게시판[BBS]이었다. 네트워크에 접속한 공학도들은 전자게시판을 중심으로 다양한 그룹을 만들고 의견을 나누었다. 사이버 공간에 풀뿌리 커뮤니티가 출현한 것이다. 초기 접속자들이 대부분 컴퓨터 공학에 대한 지식을 갖추었던 만큼 초기 온라인 커뮤니티에서는 컴퓨터나 네트워크에 대한 전문적인 토론도 활발히 이루어졌지만 그보다는 사적인 고민을 나누거나 취미를 공유하는 전자게시판이 훨씬 더 인기를 끌었다. 아르파넷에서 생겨난 세계 최초의 온라인 커뮤니티는 SF소설 애호가들이 모여서 만든 온라인 게시판이었다.

1980년대에 접어들자, PC가 성능은 더 좋아지고 가격은 점점 더 내려갔다. 미국 이외의 지역에도 PC가 순조롭게 보급되기 시작했다. 아르파넷이라는 흥미진진한 프로젝트에 대한 소문은 전 세계 공학도들에게 이미 잘 알려져 있었다. **각국의 연구자들은 누가 시키지도 않았는데 자발적으로 서로의 컴퓨터를 연결해 나갔다. 곳곳에서 생겨난 네트워크가 서로 뭉치고 도우면서 점차로 거대한 컴퓨터 네트워크가 만들어져 갔다.**

1990년, 분산형 통신 모델에 대한 실험 종료가 선언되면서 아르파넷은 공식적으로는 '종료'되었다. 하지만 그 이면에서 쑥쑥 성장해 온 컴퓨터 네트워크는 이제 시작이었다. 아르파넷은 NSFNET이라는 새 이름을 얻었고, 세계 각지의 컴퓨터 네트워크를 연결하는 중심 역할을 계속해 나갔다. 우리 삶 속에 깊숙이 들어와 있는 인터넷은, 바로 이 NSFNET을 중심으로 각 지역의 네트워크가 서로 연결되어 생겨난 거대한 디지털 네트워크를 가리키는 말이다. PC와 통신이 결합한 거대한 디지털 네트워크는 컴퓨터 공학이나 정보 통신 분야뿐 아니라 인간 사회 전반에서 전방위적인 변화를 불러일으켰다. 인터넷 등장 전후를 비교해 볼 때, 세상에 유통되는 정보의 양과 질은 결정적으로 달라졌다.

벤담의 팬옵티콘과 정보 감옥

PC 보급과 인터넷 발전이 우리 삶에 편리함만을 준 것은 아니다.
컴퓨터 네트워크에서 정보 수집이 가능한 권력자가 있다면, 우리의
일상적인 행동이나 표현 활동을 늘 감시당할 가능성 또한 있기 때문이다.

'모든 것을 볼 수 있다'는 뜻인 '팬옵티콘'은, 감옥의 간수가 죄수들을
효과적으로 감시할 수 있도록 둥근 원형탑 모양으로 설계되었다.
둥근 벽을 둘러서 죄수들의 방이 배치되고, 원형 건축물의 중심에는
간수가 죄수들을 감시하는 탑이 별도로 세워진다. 죄수들의 방은 조명이
밝게 켜져 있는 반면, 감시탑은 어둡다. 죄수들의 모든 행동은 간수의 시선에
늘 노출될 수 있으나, 정작 죄수들은 간수가 어디를 보고 있는지 알 수 없다.
결국 죄수들은 늘 감시받고 있다는 느낌을 갖게 되므로, 스스로 권력과
규제에 복종하게 된다.

전자 기기가 널리 보급되고 이용이 확산되면서 개인에 대한 직접적인
감시와 통제가 나날이 강화되고 있는 현대 사회의 감시 체계를 가리켜
'정보 팬옵티콘'이라고 한다. 마치 팬옵티콘에 수감된 죄수들처럼, 우리가
언제 어디서 무엇을 하는지 숨길 수 없는 상황이 되었기 때문이다. 도시
곳곳에 설치된 CCTV, 휴대폰의 위치 추적 장치, 인터넷 사이트의 접속
정보 등이 항시적으로 수집, 축적되고 있다. 범죄나 위기 상황에 대처하기
위한 것이라지만, 실제로는 정보 감시 시스템이 개인의 자유로운 표현과
행동을 제한하는 수단으로 사용되는 경우가 비일비재하다. 우리는 컴퓨터와

인터넷의 편리함을 누리는 대신, 늘 일거수일투족을 감시당하는 '정보 감옥' 속으로 스스로 걸어 들어간 신세가 된 것이다.

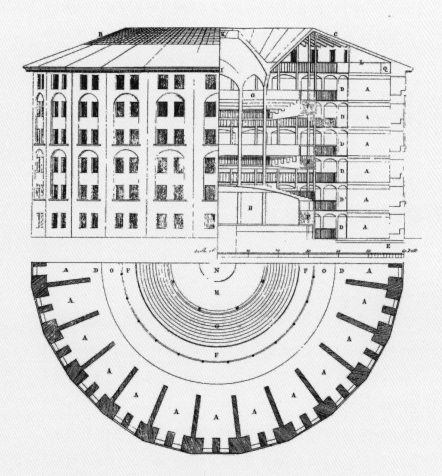

벤담은 '팬옵티콘' 건설 프로젝트에 평생을 바쳤지만, 생전에 원형 감옥을 만들지는 못했다.
그는 노예제 폐지, 여성 참정권 확대, 동물 학대 금지, 동성애 허용 등 당시로서는
파격적인 사회 개혁안을 제안한 사상가이자 행정가였다.

세상을 바꾼 '해커'

요즘에는 '해커'로 인한 사회적인 해악이 부각되는 경향이 있지만, 원래 해커는 악의를 가진 범죄자가 아니었다. 주변에서 컴퓨터 회사에 다니거나 전문 프로그래머가 아니라고 해도 인터넷에 대한 지식과 기술이 수준 이상으로 높은 사람을 볼 수 있다. 일부는 그 능력과 기술을 이용해 컴퓨터 시스템이나 디지털 네트워크에 마음대로 침투해서 영향을 미치기도 하는데, 이런 사람들을 '해커'라고 한다.

해커는 바이러스 파일을 유포해서 시스템을 못 쓰게 만드는 등 타인에게 해를 끼치는 경우도 있지만, 누구나 자유롭게 쓸 수 있는 프로그램을 만들어 유포하는 등 기술 혁신에 긍정적인 영향을 미치는 경우도 많다.

예를 들어, 지금은 누구나 애용하는 '이메일'e-mail이 그렇다. 이메일은 1970년대에 아르파넷에서 활동하던 컴퓨터 공학도들이 자발적으로 개발하고, 개방적으로 의견을 개진해서 수정하고 발전시킨 결과물이다. 누구 한 사람이 지적 소유권을 주장할 수 있는 것이 아니었다. 당시 '이메일'을 개발하는 일은 컴퓨터 네트워크를 이용하는 접속자 모두에게 열려 있었다.

해커들은 이러한 인터넷 여명기의 문화를 그대로 이어받은 사람들이다. 그래서 개인이 시스템에 접근하고 의견을 제안하고 개선해 나가는 데 누군가의 '허가'가 필요하지는 않다고 생각한다. 또 그러한 자발적이고 개방된 시스템을 통해 인터넷이 탄생했다는 역사를 중요하게 생각한다. 모두 함께 만든 인터넷이므로, 누구나 인터넷에 영향을 미칠 수 있는 개방된 구조를 유지하는 게 옳다고 믿는 것이다.

미국의 저널리스트 스티븐 레비는 오랫동안 해커에 대해 취재하고 연구했는데 이들 사이에 공유된 문화적 신념을 다음과 같은 6개 조항으로 소개했다.

- 컴퓨터에 대한 접근, 또한 그것이 무엇이든 세계가 어떻게 돌아가는지에 대해 알 수 있는 정보원에 대한 접근은 무제한적이고 완전해야 한다.
- 모든 정보는 자유롭게 이용되어야 한다.
- 권위를 믿어서는 안 된다. 권력은 분산되어야 한다.
- 해커는 학교 성적, 연령, 인종, 지위 등 어긋난 기준이 아니라, 오로지 컴퓨터 네트워크에서의 활동을 통해서만 평가해야 한다.
- 컴퓨터를 이용해 예술과 아름다움을 만들어 낸다.
- 컴퓨터는 인생을 좋은 쪽으로 바꿀 수 있다.

특별히 반사회적이거나 타인에게 해가 될 만한 내용은 아니다. 해커들은 거대 시스템을 싫어하고 개인의 자유로운 의지를 중시하며, 스스로의 전문성에 대한 자부심이 강하다. 권력의 지나친 집중을 우려하고 차별을 배척한다는 면에서는 오히려 민주적이며, 다양한 시도와 표현을 지지한다는 측면에서는 창조적이다. 또한 자발적으로 개인적인 목적이나 재미를 추구한다는 점에서 해커들의 신념과 활동은 아마추어 라디오 방송국을 운영했던 '무선 소년'들의 문화와도 통하는 면이 있다. 전문적으로 통제되는 매스 미디어가 제도적으로 정착되면서 무선 소년들의 아마추어 라디오가 좌초된 것과는 달리, 해커들은 지금까지도 여전히 저항하며 활동하고 있다.

컴퓨터의 중요성이 나날이 커지고 있는 현대 사회에서 해커의 부정적인 영향이 적지 않은 것은 사실이다. 거대한 시스템을 순식간에 먹통으로 만들고, 바이러스 파일을 유포해서 PC에 보존된 파일을 단숨에 날려 버리기도 한다. 많은 사람의 생활에 불편을 초래할 뿐 아니라, 많은 것이 컴퓨터 시스템을 통해 운영되는 현대 사회에서는 대단히 위험한 결과로 이어질 수도 있는 행동이다. 하지만 그렇다고 해도 해커들의 주장이 나름대로 역사적 근거와 문화적 역동성을 갖고 있다는 점은 기억할 필요가 있다. 더구나 인터넷에 대한 권력의 개입과 개인에 대한 탄압이 공공연해지고 있는 오늘날, 해커들의 저항적인 비판 의식을 범죄자들의 자기 합리화로 치부해 버리는 것은 너무 성급한 일이다.

해커는 역사적으로는 인터넷이라는 거대한 시스템을 만들어 낸 능동적 기술자였지만, 지금은 인터넷의 긍정적인 요소와 부정적인 요소를 극명하게 보여 주는 문제의 창작 집단이라고 할 수 있다. 결과적으로 디지털 네트워크는 전 세계를 하나로 묶는 거대하고 통합된 시스템을 만들어 내는 한편, 시스템과는 정반대의 사고방식과 행동 양식을 가진 개인주의적인 창작자, 즉 해커 집단 역시 키워 냈다.

PC통신과 사이버 문화

1980년대까지만 하더라도 '사이버 공간'은 컴퓨터에 대한 전문 지식이 있는 공학도나 연구자 등 제한된 부류의 사람들에게만 알려져 있었다. 보통 사람들에게 사이버 공간이 알려지고 친숙해지게 된 계기는, 'PC통신'이라는 상업용 컴퓨터 네트워크 서비스였다.

PC통신은 개인용 컴퓨터와 개인용 컴퓨터를 통신 회선으로 연결해서 서로 정보를 주고받을 수 있도록 한 콘텐츠 서비스였다. 지금의 인터넷과는 달리, 통신료와 별도로 접속료를 지불하는 유료 회원제였다. PC를 전화선에 연결하고 전용 접속 프로그램을 통해 전화를 걸면 컴퓨터 네트워크에 접속할 수 있었는데, 회원들끼리 메시지를 주고받거나 실시간 채팅을 하거나 게시판을 통해 다양한 주제에 관한 의견을 교환할 수 있었다. 컴퓨터나 프로그래밍을 몰라도 사용할 수 있는 전용 접속 프로그램과 알기 쉬운 인터페이스를 제공해서 '컴퓨터 네트워크'라는 존재를 알리는 데 크게 기여했다.

우리나라 최초의 PC통신 서비스는 1985년에 데이콤에서 시작한 '천리안'이었다. 이 서비스가 인기를 끌자, '하이텔'1991년, '나우누리'1994년 등도 앞다투어 등장했다. 1990년대 중반, PC통신은 젊은 층을 중심으로 큰 인기를 끌면서 유료 서비스 이용자 수가 500만을 넘어서는 전성기를 누렸다. 그러나 2000년대 이후 초고속 통신망이 보급되면서 무료 인터넷 콘텐츠가 충실해지자 PC통신 이용자는 점차 인터넷 이용자로 대체되었다.

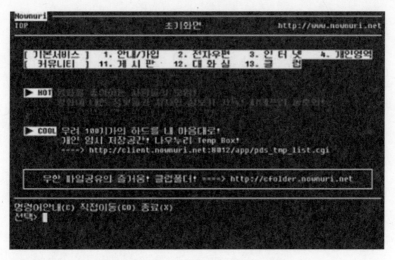

전화선을 통해 들리는 "삐—삐." 하는 통신 연결음과 파란색 바탕 화면은
PC통신의 트레이드 마크였다.

    지금은 사라졌지만, PC통신 서비스는 우리나라 인터넷 역사에서 큰
자리를 차지하고 있다. 이른바 '인터넷 문화'라고 하는 많은 경향들이 PC
통신에서 만들어졌다. 미국에서는 아르파넷에서 풀뿌리 커뮤니티가 싹
텄다고 하지만, 우리나라의 '온라인 커뮤니티'는 PC통신에서 성장했다.

    지금 우리가 사용하는 인터넷은 누구에게나 개방되어 있다. 하지만
PC통신은 폐쇄된 컴퓨터 네트워크였다. 상대방이 같은 통신망에 가입
해서 접속하지 않으면 서로 소통이 불가능했다. 이런 폐쇄적인 구조는
사이버 공간에서 더 많은 사람들을 만날 수 있는 가능성을 제한하는 측
면도 있는 반면, 한번 만난 사람들과 지속적으로 관계를 유지할 수 있
다는 장점도 있었다.

    실제로 PC통신 온라인 채팅에서 만난 남녀가 결혼에 골인하거나

영화 「접속」 (장윤현 감독)은 남녀 주인공이 PC통신을 통해
서로 친근감을 느끼고 연인 사이가 되는 과정을 잘 그려냈다.

온라인 게시판을 통해 친한 친구를 사귀는 일이 일어났다. 지금은 이런
일이 다반사여서 누구도 이상하다고 생각하지 않지만, 당시만 해도 사
이버 공간이 사람들의 진짜 삶에 큰 영향을 미친다는 것은 매우 놀랍고
신선한 일로 받아들여졌다.

　　온라인 커뮤니티에서는 현실 세계에서는 좀처럼 만나기 어려운 마
니아 동지를 만날 수도 있고, 연령과 지위를 막론하고 사회적, 정치적 이
슈에 대해 동등하게 토론을 벌일 수도 있었다. 검색 기능을 이용하면 다
양한 게시판에 올라온 정보를 쉽게 찾을 수도 있었다. PC통신은 사이버
공간의 편리함과 즐거움을 많은 사람에게 일깨워 주었다. 여러 사람이
동시에 접속해서 함께 즐기는 '온라인 게임', 사이버 공간에서 활발한 의
견 개진으로 유명세를 누리는 '인터넷 논객', 아마추어 소설가가 사이버

공간에서 재미있는 이야기를 풀어놓는 '인터넷 소설', 컴퓨터 기호를 조합해서 다양한 감정을 표현하는 '이모티콘' 등은 모두 PC 통신에서 탄생한 사이버 문화였다.

네트워크 미디어의 미래: 모바일 문화

앞으로의 세상은 네트워크 미디어와의 관계 속에서 끊임없이 변화해 갈 것이다. 도대체 어떤 변화가 있을 것인가? 나는 특히 모바일 미디어의 확산이라는 측면을 주목하고 있다. 스마트폰이니 터치패드식 노트북 컴퓨터니, 최신식 모바일 기기가 하루가 다르게 세상에 쏟아져 나오는 시대이다. 많은 사람들이 앞으로 어떤 최신식 기능을 갖춘 모바일 기기가 등장할지에 촉각을 곤두세우고 있다. 하지만 내가 주목하고 있는 것은 그런 측면이 아니라, 모바일 기기와 네트워크 미디어가 공존하게 되면서 사회적 공간과 삶에 대한 감각과 인식이 바뀌고 있다는 점이다.

예전에는 인터넷 접속이 가능한 물리적 장소, 예를 들어 집이나 학교 전산실, PC방 등에 가야만 비로소 사이버 공간에 진입할 수 있었다. 그런데 지금은 그러한 물리적 제한이 거의 사라졌다. 많은 사람들이 스마트폰이나 휴대용 PC로 지하철이나 버스에서 인터넷에 접속해서 필요한 정보를 찾아보고, 길을 걸으면서 먼 곳의 누군가와 채팅을 하고, 신기한 것을 보면 바로 그 순간 사진을 찍어서 사이버 공간에 공유한다. 일상의 흐름을 끊지 않고 현실적인 공간과 사이버 공간을 자유롭게 오갈 수 있게 된 것이다. **현실 공간과 사이버 공간의 경계가 희미해지면서 감각과 인식이 바뀌었고, 이를 토대로 새로운 미디어 문화가 형성되고 있다. 이런 경향이야말로 미래 사회의 방향성을 좌우할 결정적 요인이 될 가능성이 크다.**

예를 들어 소셜 네트워킹 서비스SNS라는 사이버 공간에서 이 같은 경향을 볼 수 있다. SNS는 개인이 자기 취향에 따라 프로필 웹 사이트를 운영하고, 다른 사람과 사이트를 자유자재로 연결할 수 있도록 구축된 공간이다. 이곳에서는 세계 곳곳의 개인들이 자기 이야기를, 천차만별인 생각을, 자신의 눈앞에서 포착한 기상천외한 이미지를 쏟아낸다. 물리적으로 먼 곳에 있다는 것은 아무런 장애가 되지 않는다. 텔레비전이나 라디오 등이 만든 시간 감각마저 상당 부분 이곳에서는 무의미해진다.

SNS 공간을 통해 퍼지는 정보가 사회에 미치는 피해와 이득에 대한 의견도 분분하고, 언제 어디에서나 모바일 미디어를 사용하는 세태에 대해서 부정적인 시각도 있다. 하지만 지금의 SNS 공간에서 일어나는 각양각색의 해프닝이야말로, 모바일 미디어와 네트워크 미디어가 공존할 때 생기는 새로운 미디어 문화의 시행 착오이자, 새로운 실천 방식을 '발견' 하는 과정일 것이다. 그 속에서 무엇을 찾아낼 것이며, 어떤 미래 사회를 만들어 나가야 할지가 지금 우리에게 주어진 과제이다.

'통신 놀이'의 드러나지 않은 역사, 삐삐

1990년대 우리나라에서는 무선 호출기의 인기가 대단했다. '삐삐삐 삐삐삐삐'
하는 호출음 때문에 '삐삐'라는 애칭으로 불렸는데, 계약자 수가 1,500만
명에 달할 정도였으니 가히 '삐삐 전성 시대'라 할 만했다. 무선 호출기의
번호로 전화를 걸어 연결음이 들리면, 연락 받을 전화번호를 누른 뒤
전화를 끊는다. 그러면 호출을 받은 상대의 무선 호출기에 호출음이 울리고
액정 화면에는 그 전화번호가 표시된다. '삐삐'라는 장난스러운 애칭과는
달리, 연락받을 전화번호만 달랑 전달하는 무미건조한 통신 방법이었달까.
그래서 처음에는 긴급한 용건이나 사무적인 연락을 위한 통신 장비로
쓰였을 것이다. 그런 삐삐가 어쩌다 천만 명이 넘는 사람들이 애용하는
인기품으로 변신했을까?

　　삐삐는 짧은 숫자만 전달할 수 있었는데, 그 덕분에 사용자가 이런저런
변형된 사용법을 고안할 수 있었다. 숫자의 의미를 미리 공유해 놓으면 누가

호출했는지, 어떤 내용인지 미리 알 수
있었다. 예를 들어, '8282'는 '빨리빨리'를
의미하는 숫자로 약속에 늦은 상대를
독촉할 때 쓰였고, '1004'는 '천사'를
의미하는 말로서 연인 사이의 낯간지러운
호칭으로 쓰였다. 삐삐의 숫자 배열을
활용한 '통신 놀이'가 생겨난 것이다.

8282 빨리빨리	8255 빨리오오	5782 호출빨리
1004 천사,연인	0000 보고싶다	0124 영원히 사랑
1010235 열렬히 사모	17171771 I LOVE YOU	1052 LOVE
177155400 I MISS YOU	1200 지금 바빠요	0242 연인사이
7942 친구사이	5842 오빠 동생 사이	7142 친한사이
7179 친한친구	9942 부부사이	79337 친구 힘내라
505 SOS		

통신 놀이에서 더 나아가, 삐삐를 이용한 음성 사서함 서비스는 젊은
층에서 폭발적인 인기를 끌었다. 상대방의 목소리를 직접 들을 수 있는
전화와는 달리 삐삐는 호출 연결음을 들려줄 뿐이다. 잘못된 상대를
호출하는 일이 있어도 상대한테 걸려 온 전화 목소리를 듣기 전까지
확인할 길이 없었다. 이런 단점을 보완하기 위해 호출 상대에게 짧은 음성
메시지를 전달할 수 있는 음성 사서함이 등장했다. 음성 사서함 역시
지금의 휴대전화나 스마트폰과 비교하면, 원시적이라고 할 정도로 간단한
기술이었다. 그런데 오히려 그 덕분에 사용자들이 다양하게 '변형'을 할 수
있었다. 음성 사서함의 인사말 대신 좋아하는 음악을 녹음해서 들려주거나,
기상천외한 인사말로 유머 감각을 자랑하거나, 연인들이 서로 비밀번호를
공유해서 음성 사서함을 통해 사랑의 말을 주고받았다. 호출 인사말 대신
재미있는 이야기를 정기적으로 녹음해서 들려주는 '삐삐 소설'을 연재하는
사람도 있었다. 삐삐는 우리나라 통신 놀이의 초기 모습이자 모바일 문화의
드러나지 않은 역사이다.

또 하나의 중요한
미디어 이야기

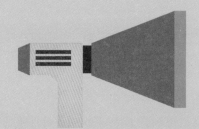

미디어의 역사는 과학 기술이 발전해 온 과정을 드러내는 또 하나의 얼굴이다. 과학 기술은 미디어를 통해 우리 삶에 깊이 관여해 왔고, 앞으로도 그렇게 우리 삶을 변화시켜 나갈 것이다. 실제로 하루가 다르게 새로운 미디어로 인해 세상이 바뀌고 있고, 미래 사회는 지금과는 다르리라는 전망이 끊임없이 제기되고 있다. 굳이 먼 미래 사회를 거론할 필요 없이, '인터넷의 등장으로 풀뿌리 민주주의가 실현된다'라든가 '이메일로 회사 업무가 효율적으로 바뀐다'라는 등의 이야기를 주변에서 쉽게 들을 수 있다. '휴대 전화 때문에 집단 괴롭힘 문제가 발생한다'라는 등의 부정적인 이야기도 끊이지 않고 나온다.

그런데 실제 상황을 잘 관찰해 보면 모든 것이 그리 간단한 문제가 아니다. 인터넷이 등장한 뒤로 풀뿌리 민주주의가 실현되기는커녕 권력이 시민을 더 쉽게 감시할 수 있게 되었다. 이메일로 인해 업무 처리가 간단해지기는커녕, 할 일이 더 많아졌다는 푸념을 듣는다. 아이들에게서 휴대 전화를 빼앗는다고 해서 집단 괴롭힘 문제가 사라질 리 만무해 보인다. 인간 사회와 문화적 상황은 단순한 기술 장치 하나로 완전히 바뀔 만큼 간단하지가 않다.

새로운 미디어의 등장 같은 기술 변화로 사회가 결정적으로 변화하고, 그 변화의 방향성도 결정된다고 믿는 사고방식을 기술결정론이라고 한다. 인터넷의 등장으로 민주주의가 실현된다든가 휴대 전화 때문에 청소년 문제가 발생한다는 등의 이야기는 어느 정도는 기술결정론적인 사고방식에 근거한 생각이라 할 수 있다. 이러한 사고방식은 우리 사회에 매우 널리 퍼져 있는데, 더 나은 미디어 사회를 만들어 가는 데에는 그다지 도움이 되지 않는 생각인 것 같다.

특히 '뉴 미디어'와 미래 사회에 대한 이야기를 할 때 기술결정론적인 사고방식이 많이 보인다. 하지만 역설적이게도 인터넷으로 대표되는 거대한 네트워크 미디어의 역사야말로, 기술결정론적 사고방식이 들어맞지 않은 전형적인 사례이다. 컴퓨터는 복잡한 수치 계산을 처리할 목적으로 구상된 기술 장치였지 '미디어'로 구상되고 개발되어 온 것이 아니었다.

컴퓨터를 본격적인 '미디어'로 다시 태어나게 한 '개인용 컴퓨터'라는 콘셉트가 성공하기까지도 시행착오가 반복되었다. 애플의 개인용 컴퓨터도 막대한 자본이나 우수한 기술력으로 만들어진 게 아니라 컴퓨터 기술 개발의 흐름에서 볼 때에는 주변부이자 소수에 불과했던 마니아들의 재미있는 시도에 불과했다. '개인용 컴퓨터'가 인터넷이라는 전지구적 현상으로 전개된 경위는 또 어떤가! 전쟁시 통신 기술을 실험하다가 컴퓨터 네트워크가 사람과 사람을 연결하는 가상 공동체 역할을 할 수 있다는 사실을 우연히 발견했을 뿐이다. 네트워크 미디어의 역사는 몇몇 천재들에 의해 '발명'된 것이 아니라, 수많은 사용자의 시행 착오에 의해 '발견'되고 '만들어진' 우연의 결과라고 해야 한다.

기술결정론적인 사고방식은 주어진 과학 기술을 보다 창조적, 주체적으로 발전시켜 나갈 수 있는 가능성을 포기하는 소극적인 자세라고 할 수도 있다. **미디어는 다양한 주체의 삶과 생각, 실천이 어우러진 결과**

이다. 우리는 과학 기술의 발전에 일방적으로 휘둘리는 게 아니라, 과학 기술의 한계를 극복할 수도 있고, 그 방향성을 바꿀 수도 있다. 지금까지 우리가 보아 온 미디어의 역사가 이러한 사실을 반증하고 있다.

결국 가장 중요한 것은, 미디어를 주어진 기술이 아니라 '나'에게 의미 있고 유용한 존재로 이해하는 것이다. 그래야 다양한 미디어를 보다 나에게 도움이 되고, 남에게도 도움이 되는 도구로 발전시켜 나갈 수 있는 능동적이고 적극적인 자세를 가질 수 있다. 이번 장에서 살펴볼 또 하나의 중요한 미디어 이야기란, 바로 지금 이 순간 '나'를 주인공으로 하는 미디어 이야기이다.

100년 전에 상상한 100년 뒤의 세상

100년 전 사람들은 100년 뒤에는 어떤 세상이 오리라 상상했을까? 1900년에 미국 잡지 《레이디스 홈 저널》에는 '100년 뒤는 어떤 세상이 될까'라는 기사가, 같은 해 일본의 신문 《호치일보》에는 '21세기의 예언'이라는 기사가 실렸다. 당시로서는 최첨단 기술을 잘 알고 있는 전문가들의 지식과 경험을 동원한 전망이자 예측이었는데, 이 기사들을 통해 당시 사람들의 생각을 엿보자면 21세기는 다음과 같은 세상이다. 지금 상황에 비추어 얼마나 적중했는지에 대한 해석은 덧붙인 것이다.

"평균 신장이 커지고 인간의 신체 능력이 향상된다" 영양 상태와 위

WHAT MAY HAPPEN IN THE NEXT HUNDRED YEARS

By JOHN ELFRETH WATKINS, Jr.

'100년 뒤는 어떤 세상일까' 라는 기사를 쓴 존 워킨스는,
최첨단 철도 기술을 보급하는 일에 종사하던 엔지니어이자 기술 관료였다.
당시의 첨단 기술 발전상을 염두에 두고, 앞으로 일어나리라고 생각되는
사회 변화를 예측한 기사였다.

생 수준이 좋아지면서, 사람들의 키가 커지리라는 예측이다. 굳이 100년 전으로 거슬러 올라갈 필요도 없다. 한국인의 평균 신장 조사 결과만 봐도, 1980년대에는 남자 160cm 후반, 여자 150cm 중반이었는데, 2010년에는 남자 170cm 전반, 여자 160cm 전반이라고 하니 평균 신장이 커지리라는 예측은 적중했다. 또한 신체 능력이 향상된다는 얘기도 맞아떨어진 것 같다. 의학이 발달해 많은 질병을 고치게 되었으니 예전보다 건강한 사람이 많아졌다고 할 수 있다. 다만 100년 전 사람에 비해 환경에 대한 적응력이나 지구력도 향상되었는지는 의문이다.

"자동차가 말보다 저렴해진다" 자동차가 저렴한 교통수단이 되면서 마차의 역할을 완전히 대체하며, 목장 주인조차 말이 아닌 자동차를 타게 될 것이라는 예측이다. 교통수단으로 자동차가 절대 우위를 누리고 있는 현재 상황을 생각하면 적중했다고 할 수 있지만, 아직도 자동차는 저렴한 상품은 아니니 절반의 실현이라고 해 두고 싶다.

"천재지변은 한 달 전에 예측 가능하다" 기상 측정 기술이 발달해 태풍이나 지진 등 천재지변을 한 달 이전에 알 수 있고 필요에 따라서는 미리 막을 수 있을 것이라는 예측인데, 안타깝게도 이는 실현되지 않았다. 예전에 비해서는 태풍의 진행 경로나 폭우, 폭설 등의 기상 이변을 어느 정도 정확하게 예측할 수 있게 되었다. 하지만 아직도 완전히 정확하게 예측하기는 어려울 뿐 아니라, 치명적인 피해를 입히는 대지진이나 화산 등의 재해는 단 한 번도 예측에 성공한 적이 없다.

"인간과 동물의 대화가 자유자재로 가능하다" 동물 언어에 대한 연구가 발전하면서, 개, 고양이와 자유자재로 대화할 수 있게 되며 개를 몸종처럼 부리는 시대가 올 것이라는 예측이다. 지금 생각하면 꿈 같은 얘기이지만, 당시에 동물 언어에 대한 연구가 활발히 진행되고 있었던 것이 아닐까 짐작해 본다.

"전선을 통해 사진을 보낸다" 전선이나 전화선을 통해 멀리까지 사진을 보낼 수 있게 된다. 전선이나 전화선을 이용하는 게 아니니까 미묘하게 어긋났다고 할 수도 있지만, PC나 휴대폰, 스마트폰 등을 통해 쉽게 사진을 주고받는 시대가 되었다. 사진뿐 아니라 음악 파일이나 동영상 파일도 문제없이 주고받는다. 이 정도면 당시에 기대했던 것보다도 훨씬 앞섰다고 할 수 있지 않을까?

"사과처럼 큰 딸기, 파란색 장미" 딸기가 사과처럼 크고, 콩이 순무만큼 큼직하다. 검은색, 파란색 장미가 피고, 꽃송이의 크기는 배추만큼 큼직하다. 추운 북극에서도 열대 식물이 성장한다. 유전학에 대한 기대가 반영된 예측이다. 실제로 과일은 알이 점점 굵어지고 있고 꽃의 색깔은 다양해졌다지만, 사과처럼 큰 딸기는 아직은 비현실적으로 느껴진다.

그 밖에도 "방 안의 온도는 늘 쾌적하게 유지된다.", "하늘을 나는 군함이 등장한다.", "전 세계에 무선 전화와 전보망이 보급된다." 등의 예측도 있었다. 얼마나 적중했는지에 대한 판단은 여러분에게 맡긴다.

100년 뒤의 우리 모습

100년 전 사람들이 상상한 100년 뒤의 미래 사회란, 바로 지금 우리의 모습이다. 선조들이 상상하던 미래는 얼마나 실현되었다고 생각하는가? 제대로 맞힌 것도 있지만 지금 들으면 황당무계한 예측도 있고, 어느 정도는 실현되었지만 미묘하게 어긋난 것도 있다. 예측은 어디까지나 예측이므로 '왜 실현되지 않았을까'라는 물음은 큰 의미가 없을지도 모른다. 하지만 '왜 당시에는 그렇게 예측했을까'라는 질문은 충분히 의미가 있을 것 같다. 실현 여부와 상관없이, 당시 사람들이 미래 사회에 대해 품었던 기대와 전망이 어떤 것이었는지 알 수 있기 때문이다.

앞서 소개한 기사는, 단순히 100년 뒤에는 이렇게 되면 좋겠다는 희망 사항이 아니라 당시로서는 최첨단 과학 기술에 근거해서 전문가가 검증하고 예측한 미래 사회의 모습이었다. 전문가들의 예측이 딱 맞아떨어지지는 않았던 이유는 무엇일까? 구체적인 분야별로 나름의 이유가 있었겠지만, 전체적으로 생각해 보면 이유는 명백하다. 100년 뒤를 상상하는 사고의 틀에 한계가 있었기 때문이다.

미래를 예측하는 사고의 틀은 과거의 바로 그 시점까지 알려지고 밝혀진 지식과 정보에 근거한 것이다. 그 시점 이후의 수많은 발견과 정보가 반영되지 않았으니, 딱 맞아떨어지지 않는 것이 당연하다. 입장을 바꾸어서, 만약 지금의 틀에 근거해서 100년 뒤의 미래 사회를 예측한다면 어떤 결과가 나올까? 후대 사람들에게는 비현실적이거나 황당무계하게 들리는 예측도 있을 것이다. **우리의 사고방식 역시 '지금'이라는 틀에 갇**

혀 있을 수밖에 없기 때문이다. 즉, 지금의 과학 기술과 미디어는 주어진 대로, 일반적인 예측대로 변화해 나가지 않을 것이 분명하다.

우리의 한계를 인정한다는 것은 결코 소극적인 태도가 아니다. 오히려 인식의 한계를 인정함으로써, 앞으로 미디어와 미래 사회를 어떻게 만들어 나갈 수 있을지에 대해 보다 유연하게 생각해 볼 수 있다. 예를 들어 앞서 소개한 기술결정론적인 사고방식은 우리 인식의 한계를 인정하지 않는 오만한 태도라고도 할 수 있다. '지금'이라는 인식의 틀에 갇혀 있는 한계를 인정한다는 것은, '기술에 의해 미래 사회가 만들어져 나갈 것'이라는 일방적인 예측을 받아들이지 않고 '앞으로 전개될 미지의 사회에 보다 폭넓고 능동적으로 개입할 수 있다'는 가능성을 열어 두는 것이다.

미디어의 능동적인 주인 되기

미디어를 이해하는 데에 있어서 '지금'이라는 틀의 한계를 인정하고, 미디어의 능동적인 주인이 되기 위해서는 구체적으로는 어떤 마음가짐을 가져야 할까?

첫째, 세상에서 회자되는 수많은 이야기에 휘둘리지 않고 스스로의 경험에 근거해서 미디어를 이해하고 개선해 나가고자 하는 자세가 중요하다. 누가 뭐라고 하든 미디어는 '나'의 경험을 구성하는 요소이다. 누군가에게 이것이 좋고 저것이 나쁘다고 해서, 내게도 반드시 이것이 좋고 저것이 나쁘다는 법은 없다. 미디어를 이해하는 힘은 나의 경험에 근거해서 판단하고 움직이는 데에서 우러나온다.

그런데 이런 종류의 제안은 다소 조심스럽다. 남의 이야기는 들을 필요가 없다는 식으로 받아들이는 독자가 있을 수 있기 때문이다. 내 말은 나의 경험이 중요하다는 것이지, 남의 경험은 가치가 없다는 뜻이 아니다. 미디어에 대한 개인의 경험이 중요하다는 사실은, '나'에게만 적용되는 것이 아니라 '남'에게도 똑같이 적용된다. 나의 경험만 중요한 것이 아니라, 남의 경험도 똑같이 중요하다. 개개인의 경험과 다양성을 존중하는 생각을 가지면 미디어와 그 활용법에 보다 다양한 모습이 있을 수 있다는 점을 알게 된다. 결과적으로 보다 나은 미래를 만들 수 있는 넓고 긍정적인 시야를 가질 수 있다.

두 번째, 미디어에 대한 창조적인 상상력을 가져야 한다. 나는 일본에 있는 대학에서 학생들을 가르치고 있다. 미디어에 대해 가르치는 것은 사실 그리 쉽지 않다. 워낙 다양한 종류의 미디어가 있기 때문이기도 하지만, 텔레비전, 라디오, 인터넷 등 이미 존재하는 미디어에 대한 인식이 단단하게 굳어져 있기 때문이다. 텔레비전은 방송국 프로그램을 보는 도구이고, 인터넷을 하려면 블로그를 잘 써야 하고, 휴대폰으로 메시지를 보낼 때에는 이모티콘을 잘 넣어야 하고…… 잘못된 생각이라고 할수는 없지만 이러한 인식의 틀에 갇히면 창조적인 발상이나 제안이 잘 나오지 않는다.

이러한 사고의 틀을 깨뜨리기 위해, 이 책에서 소개한 것처럼 미디어의 역사에 대해 고찰하고 미래의 미디어에 대한 상상력을 북돋는 활동을 학생들에게 적극적으로 제안하고 있다. 미래 사회의 더 나은 미디어를 상상하는 데 있어 가장 중요한 것은, 스스로의 경험을 되짚어 보고 새삼스레 다시 한번 생각해 보는 것이다. 미디어 경험에 대한 스토리텔링도 해 보고, 다른 학생들과 서로의 경험에 대한 토론을 벌일 수 있는 장을 마련하기도 한다. 이렇게 미디어 경험을 근거로 더 나은 미디어란 어떤 것인지 함께 아이디어를 내고 이야기를 나누다 보면, 나 또한 미처 몰랐던 미디어의 일면을 깨닫는다. 잘 알려지지 않았던 미디어의 문제점을 알게 되는 경우도 있고, 학생들의 경험에서 의외의 미디어 활용 방법을 배우기도 한다. 각자 미디어 경험에 대한 이야기를 넓혀 가다 보면, 기존

2012년 여름 일본 니가타 대학의 '미디어 리터러시' 수업에서
'우리만의 휴대폰 디자인 워크숍'을 학생들과 함께 진행했다. 왼쪽은 '여러 명이 함께
사용하기 좋은 휴대폰', 오른쪽은 '애완동물처럼 귀여운 휴대폰'이다.
학생들이 독창적으로 고안하고 포스터를 제작했다.

미디어의 고정된 틀 속에서는 잘 알아차리기 어려운 다양한 측면을 알게 되는 것이다. 이러한 활동을 통해 미디어는 굳어진 기술이 아니라, 나의 경험을 토대로 능동적으로 바꾸어 갈 수 있는 유연한 대상임을 다시 한 번 확인할 수 있다.

각자 미디어 경험을 근거로 한 학생들의 탐구가 심화될 즈음에, 이번에는 미래의 미디어를 스스로 고안하고 디자인해 보는 과제를 내곤 한다. 학생들은 곧잘 독창적이고 창의적인 아이디어를 내놓는데, 이는 수업 속에서 자기의 미디어 경험을 충분히 숙고하고 되씹어 보았기 때문이다. 학생들의 아이디어가 실현될지는 알 수 없다. 하지만 분명한 것은, 이런 활동을 해 본 학생들은 미디어가 스스로에게 어떤 의미를 지니는지 깨닫고 능동적으로 개선해 나갈 수 있는 능력과 태도를 갖게 된다는 점이다.

만약 여러분이 이 책을 읽고 역동적인 미디어의 역사에 대해 흥미를 느끼고 자신의 미디어에 대해 한번쯤 돌아볼 여유가 생겼다면, 미디어의 창조적이고 능동적인 주체가 되기 위한 유연한 사고의 첫 단계에 도달했다고 할 수 있다. 앞으로는 더 나은 미디어가 있는 세상을 적극적으로 상상해 보고, 능동적으로 만들어 나가고자 하는 태도를 갖는 것이 중요할 것이다.

미디어는 우리의 삶을 규정하는 조건일 뿐만 아니라, 나의 주변을 적극적으로 변화시켜 나갈 수 있는 창조적인 도구이다. 이 책에서 소개한 미디어의 역사는 결국 우리 선조들이 자신들의 삶을 어떻게 변화시켜 왔는지에 대한 이야기이다. 그리고 우리에게 주어진 질문은 미디어를 통해 '우리의 삶을 어떻게 변화시켜 나갈 것인가'이다. 여러분이 이 질문에 대한 답변을 찾는 데 이 책이 길잡이가 되었기를 바란다.

참고 문헌

1 전기와 미디어 상상력

- 제프리 스콘스, 『무서운 미디어: 전신에서 텔레비전까지 전기에 대한 이야기』 (더햄: 듀크유니버시티프레스, 2000년)

- 캐럴라인 마빈, 『오래된 미디어가 새로웠을 때: 19세기 말 사회와 전기 기술』 (도쿄: 신요샤, 1988=2003년), 요시미 슌야·미즈코시 신·이토 마사아키 옮김.

- 제임스 케리, 『커뮤니케이션의 문화』(뉴욕: 루트리지, 2009년)

- 레오나르 드 브리스, 『상상의 마술사들: 19세기 발명가 열전』 (도쿄: 코가쿠토쇼, 1971=2002년), 혼다 시게치카 옮김.

- 지그프리트 지엘린스키, 『미디어의 오래된 역사: 기술 장치로 보고 듣는 것에 대한 고고학』 (케임브리지: MIT프레스, 2008년)

- 요시미 슌야, 『미디어 문화론』(도쿄: 유히카쿠, 2004년)

- 마셜 맥루헌, 『미디어의 이해』(도쿄: 미스즈 쇼보, 1964=1987년), 쿠리하라 유타카·코모토 나카키요 옮김.

- 마셜 맥루헌, 『구텐베르크 은하계』(토론토: 토론토대학 출판부, 1962년)

2 문자 미디어: 활자와 저널리즘의 시작

- 월터 옹, 『구술문화와 문자문화』(도쿄: 후지와라쇼보, 1982=1991년), 사쿠라이 나오후미·하야시 마사히로·카스야 케이스케 옮김.

- 로제 샤르티에, 『책에서 독서로』(도쿄: 미스즈쇼보, 1985=1992년), 미즈바야시·아키라, 이즈미·토시아키, 츠유자키·토시카즈 옮김.

- 하라 카츠미, 『책의 도상학: 불타는 도서관, 금이 간 책상, 텅 빈 잉크병』 (도쿄: 산겐샤, 1993년)

- 하세가와 하지메, 『출판과 지식의 미디어론』(도쿄: 미스즈쇼보, 2003년)

- 코노 켄스케, 『책의 근대』(도쿄: 치쿠마쇼보, 1999년)

- 미야시타 시로, 『책의 역사를 위해』(도쿄: 쇼분샤, 2002년)

- 마에다 아이, 『근대 독자의 성립』(도쿄: 이와나미쇼텐, 2001년)

- 스티븐 로저 피셔, 『문자의 역사』(도쿄: 켄큐샤, 2001=2005년), 스즈키 쇼 옮김.

- 장 자크 루소, 『에밀』(서울: 홍신문화사, 1987년).

- 아르투르 쇼펜하우어, 『독서에 대해서』(도쿄: 이와나미쇼텐, 1851=1960년), 사이토 닌즈이 옮김.

- 위르겐 하버마스, 『공론장의 구조변동: 부르주아 사회의 한 범주에 관한 연구』 (도쿄: 미라이샤, 1973=1994년), 호소야 사다오 · 야마다 마사유키 옮김.

- 데니스 맥퀘일, 『매스커뮤니케이션 이론』(서울: 나남, 1990년) , 오진환 옮김.

3 소리 미디어: 말하는 기계와 무선 취미

- 요시미 슌야, 『소리의 자본주의—전화, 라디오, 축음기의 사회사』(도쿄: 코단샤, 1995년).

- 요시미 슌야, 와카바야시 미키오, 미즈코시 신, 『미디어로서의 전화』(도쿄: 코분도, 1992년).

- 요시미 슌야, 미즈코시 신, 『미디어론』(도쿄: 방송대학교육출판회, 2001년).

- 미즈코시 신, 『미디어의 생성: 미국 라디오의 동적 역사』(도쿄: 도분칸출판, 1993년).

- 코가와 테츠오, 『카프카와 정보화 사회』(도쿄: 미라이샤, 1990년).

- 해들리 캔트릴, 『화성으로부터의 침공』(뉴욕: 하퍼 앤 로, 1966년).

- "한국방송 70년사"편찬위원회 편저, 『한국방송 70년사 (별책)』 (서울: 한국방송협회 · 한국방송공사, 1997년).

4 시각 미디어: 복제 이미지와 대중 문화

- 발터 벤야민, 『기술복제시대의 예술작품』(도쿄: 이와나미쇼텐, 2000년), 타키 코지 옮김.

- 에리키 후타모, 「모바일 미디어의 고고학」, 일본기호학회 편 『케이타이 연구의 최전선』 92~109쪽(도쿄: 게이오대학출판회, 2005년), 요시오카 히로시 옮김.

- 사토 켄지, 『풍경의 생산, 풍경의 해방—미디어의 고고학』(도쿄: 코단샤, 1994년).

- 시미즈 이쿠타로, 『유언비어』(도쿄: 치쿠마쇼코, 2011년).

- 데이비드 해쥬, 『10센트짜리 역병: 만화 혐오가 미국을 어떻게 바꾸었나』 (도쿄: 이와나미쇼텐, 2009=2012년), 오노 코세·나카야마 유카리 옮김.

5 네트워크 미디어와 사이버 문화

- 레프 마노비치, 『뉴미디어의 언어』(케임브리지: MIT프레스, 2001년).

- 김미현 책임편집, 『한국 영화사(개화기(開化期)에서 개화기(開花期)까지)』 (도쿄: 키네마슌호샤, 2010년), 네모토 리에 옮김.

- 베네딕트 앤더슨, 『상상의 공동체: 민족주의의 기원과 전파에 대한 성찰』 (도쿄: 리브로포토, 1987년), 시라이시 타카시·시라이시 사야 옮김.

- 이노세 나오키, 『욕망의 미디어』(도쿄: 쇼가쿠칸, 2002년).

- 노명우, 『텔레비전, 또 하나의 가족』(서울: 프로네시스, 2008년).

- 대니얼 부어스틴, 『이미지와 환상』(도쿄: 도쿄소겐샤, 1964년), 호시노 이쿠미·고토 카즈히코 옮김.

- 데이비드 리즈먼, 『고독한 군중』(도쿄: 미스즈쇼보, 1960=1964년), 카토 히데토시 옮김.

- 프리드리히 키틀러, 『축음기, 필름, 타이프라이터』(도쿄: 치쿠마쇼보, 1986=2006년), 이시미츠 야스오· 이시미츠 테루코 옮김.

- KBS사우회, 『그때 그 시절 KBS 이야기』(서울: 커뮤니케이션북스, 2011년).

6 또 하나의 중요한 미디어 이야기

- 프리드리히 키틀러, 『드라큘라의 유언: 소프트웨어는 존재하지 않는다』 (도쿄: 산교토쇼, 1998년), 하라 카츠미·오오미야 칸이치로· 마에다 료조·카미오 타츠유키·소에지마 히로히코 옮김.

- 니시가키 토오루, 『사상으로서의 퍼스널 컴퓨터』(도쿄: NTT출판, 1997년)

- ACM프레스, 『워크 스테이션 원전』(도쿄: 아스키, 1988=1990년), 무라이 준·하마다 토시오 옮김.

- 피어스 비조니, 『미래 영화 '2001 스페이스 오딧세이'』(도쿄: 쇼분샤, 1997년), 하마노 야스키·몬마 준코 옮김.

- 케이티 해프너 & 매슈 라이언, 『인터넷의 기원』(도쿄: 아스키, 2000년), 카지 에츠코·미치다 츠요시 옮김.

- 마이클 허번 & 론다 허번, 『네티즌: 인터넷, 유즈넷의 역사와 사회적 영향』 (도쿄: 추오코론샤, 1997년), 이노우에 히로키·코바야시 오사무 옮김.

- 키타 치구사, 『인터넷 사상사』(도쿄: 세이도샤, 2003년)

- 스티븐 레비, 『해커들 그 광기와 비밀의 기록』(뉴욕: 펭귄푸트남, 2001년).

그림 소장 및 출처

이미지 출처

- 28쪽   http://en.wikipedia.org/wiki/File:A_Galvanised_Corpse.jpg

- 30쪽   http://en.wikipedia.org/wiki/File:Frontispiece_to_Frankenstein_1831.jpg

- 31쪽   http://en.wikipedia.org/wiki/File:BurtonsGentlemansMagazine.jpg

- 48쪽   http://en.wikipedia.org/wiki/File:Gutenberg_bible_Old_Testament_Epistle_of_St_Jerome.jpg
  http://en.wikipedia.org/wiki/File:Korean_book-Jikji-Selected_Teachings_of_Buddhist_Sages_and_Seon_Masters-1377.jpg

- 51쪽   http://commons.wikimedia.org/wiki/File:Scriptorium-monk-at-work.jpg
  http://en.wikipedia.org/wiki/File:Escribano.jpg

- 59쪽   http://en.wikipedia.org/wiki/File:ParisCafeDiscussion.png

- 60쪽   http://en.wikipedia.org/wiki/File:Rulesandorders.jpg

- 65쪽   연합뉴스

- 74쪽   http://www.medienkunstnetz.de/works/telefonkonzert/

- 75쪽   http://en.wikipedia.org/wiki/File:Telefon_Hirmondo_-_Concert_room.jpg
  http://en.wikipedia.org/wiki/File:Telefon_Hirmondo_-_Stentor_reading_the_day%27s_news.jpg

- 77쪽   http://www.gutenberg.org/ebooks/35044
  http://www.gutenberg.org/files/35044/35044-h/35044-h.html

- 80쪽   http://en.wikipedia.org/wiki/File:Stöwer_Titanic.jpg

- 83쪽   http://www.encyclopedia-titanica.org/when-did-titanic-try-for-help-11390.html

- 84쪽   http://www.johncoulthart.com/feuilleton/2007/10/30/the-night-that-panicked-america/

- 85쪽   http://blog.seattlepi.com/movielady/2012/10/27/the-halloween-hoax-that-panicked-america-3/

- 105쪽   http://en.wikipedia.org/wiki/File:Camera_obscura.jpg

- 108쪽   http://www.ukcamera.com/classic_cameras/hough1.htm

- 115쪽   http://en.wikipedia.org/wiki/File:Crime_SuspenStories_1.jpg

- 118쪽   http://www.youtube.com/watch?v=6awj6b9aQ8U
            http://en.wikipedia.org/wiki/File:Theatreoptique.jpg

- 119쪽   http://en.wikipedia.org/wiki/File:Reynaud-Pantomimes.jpg
            http://en.wikipedia.org/wiki/File:Cinématographe_Lumière.jpg

- 120쪽   http://en.wikipedia.org/wiki/File:Zoopraxiscope_16485u.jpg

- 121쪽   http://en.wikipedia.org/wiki/File:Kinetophonebis1.jpg

- 123쪽   http://www.leni-riefenstahl.de/eng/bio.html

- 135쪽   연합뉴스

- 141쪽   http://en.wikipedia.org/wiki/File:Two_women_operating_ENIAC.gif

- 144쪽   http://en.wikipedia.org/wiki/File:Dynabook.png

- 145쪽   http://en.wikipedia.org/wiki/File:Apple_II_tranparent_800.png

- 151쪽   http://en.wikipedia.org/wiki/File:Panopticon.jpg

그림 소장처

- 45쪽   독일 알테스 박물관

- 52쪽   장 바티스트 그뢰즈, 「성서를 읽어 주는 아버지」(1755), 파리 루브르 박물관

- 101쪽   레오나르도 다빈치, 「모나리자」(16세기 초반 추정), 파리 루브르 박물관

교과연계표

1 전기와 미디어 상상력

- 고등학교   세계사   Ⅵ-1 근대 의식의 성장

2 문자 미디어: 활자와 저널리즘의 시작

- 중학교   사회 1   11-2 민주주의의 이념과 민주 정치의 기본 원리
                               12-01 정치 과정과 정치 주체

                  사회 3   Ⅶ-3 시민의 권리와 의무 및 정치 참여
- 고등학교   세계사   Ⅲ-4 유럽 문화권의 형성과 크리스트교의 확산

3 소리 미디어: 말하는 기계와 무선 취미

- 고등학교   세계사   Ⅵ-1 근대 의식의 성장
                               Ⅷ-1 두 차례의 세계 대전

                  세계지리   Ⅰ-2 세계화와 지역화

4 시각 미디어: 복제 이미지와 대중 문화

- 중학교   사회 1   9-2 문화 이해의 관점과 태도
                               9-3 대중 매체와 대중문화

                  미술   Ⅱ-8 추상 표현
                               Ⅱ-9 상상의 세계
- 고등학교   사회·문화   Ⅲ-1 문화를 통해 읽는 사회 현상
                               V-3 사회 제도로서의 대중 매체

5 네트워크 미디어와 사이버 문화

- 고등학교   사회   Ⅵ-3 세계화와 현대 사회의 문제

          세계사   Ⅷ-2 현대의 갈등과 분쟁
                    Ⅷ-4 현대의 문화와 인류의 미래

6 또 하나의 중요한 미디어 이야기

- 중학교   사회 1   9-2 문화 이해의 관점과 태도
- 고등학교   사회·문화   Ⅰ-1 탐구 대상으로서의 사회 문화 현상
                    Ⅰ-3 사회 문화 현상의 탐구와 일상생활